野に立つ仏者

親鸞聖人の信念

寺川俊昭 著

法藏館

親鸞聖人の信念　―野に立つ仏者―　目次

親鸞聖人の人間像……9

親鸞聖人の信念

親鸞聖人の信念

——野に立つ仏者——

親鸞聖人の人間像

親鸞聖人の御遠忌を迎えるにあたって

宗祖親鸞聖人の御遠忌をお勤めする大切な年が、どんどん近づいてきて、もう七年先ということになりました。そういう時期でもありますので、何よりもまず、私たちが宗祖と仰ぐ親鸞聖人とは、どういう方であったのか。どういう信念に生きていかれたのか、また何を願って念仏を勧めてくださったのかということを、できるだけ大切に尋ね、学んでいきたいと思っております。

それについて思うことですが、私たちは、この親鸞聖人なくしては仏教はあり得ないと確信していますけれども、少し視野を広くもって、現代の日本人の精神生活において、はたして親鸞聖人に対して、私たちがいま思っているような理解あるいは尊敬が、幅広くもたれているであろうかと考えてみますと、これはなかなかそうではなくて、むしろ残念な思いがするという事態がないわけではありません。

たとえば、日本のマスメディアとしてのテレビを代表するNHKが、真宗を、あるいは大谷派を、あるいは東西の本願寺を、どれほど取り上げているでしょうか。大谷派について言えば、報恩講の御満座の二十八日に、伝統的な坂東曲でお勤めをしますが、非常に特徴のある作法でのお勤めですから、あれはだいたい放映されているかと思います。

それから、学校の夏休みである七月、八月に、親鸞聖人の九歳得度という伝承にならって、お寺の子どもさんたちが九歳になったころに得度を受けます。夏休みですので、人数がまとまります。百人を越える、かわいらしい新発意が誕生いたします。あれもマスコミにとっては、なかなか興味のある行事ですから、テレビにも取り上げられることが多いように思います。しかしながら、それ以外に、真宗が取り上げられることがあるでしょうか、ほとんどありません。

現在、NHKが盛んに取り上げているのは、弘法大師です。高野山から熊野へかけての熊野路が、世界遺産に指定されたということもあって、「癒しと祈りの道」というマスコミ好みのキャッチフレーズで、何度も放映されます。高野山はさすがに立派なお寺でありますが、それと同じように、弘法大師ゆかりの寺々、さらに四国八十八か所の御札所をお遍路なさる方々が、たいへん多くおられます。私たちの宗門は、ご門徒である方は一人残らずご本山にぜひ参ってください、参ろうではありませんかという「門徒総上山」を、力を込めて訴えています。それに応えて上山なさる方はもちろんいますけれども、そういう呼びかけがまったくないのに、自発的にお遍路する人は何万人とおられるのです。

私たちの宗祖親鸞聖人は見真大師で、蓮如上人は慧灯大師ですが、この大師という敬称は中国以来、国王が（日本では天皇です）師と仰ぐ人に捧げる尊敬の言葉です。だから、国家主義というようなところから起こっている敬称ではありません。趣旨は、国王が自分の師と仰ぐ人という尊敬の心を、「大師」という言葉に託しているわけです。そのお大師さんは、見真大師以上に弘法大師が国民に幅広く理解され、かつ支持されています。「大師は弘法に奪われ」と古くから言われていますが、現実にそういう事態です。

それから私たちの教えは、一言で表しますと「南無阿弥陀仏」です。日本の仏教の歴史の上で、大きな伝統を形成したこの「南無阿弥陀仏」に対抗して、それと並ぶ大きな社会的な感化を生んできた伝統は、「南無妙法蓮華経」です。つまり、『法華経』の伝統、あるいは日蓮上人の伝統です。現在、「南無阿弥陀仏」と「南無妙法蓮華経」と、どちらが社会的感化力を大きく持っているでしょうか。「南無妙法蓮華経」の伝統から生まれたものの一つに、たとえば創価学会がありますね。こういうような事態です。

弘法大師の伝統は、密教です。「南無妙法蓮華経」は『法華経』の伝統です。そういうものの大きな影響力の中に、私たちの親鸞聖人の浄土真宗もあるという事態ですから、この宗門の活動に責任をもつ者、そして親鸞聖人の伝統に連なる者は、「日本仏教の歴史には、弘法大師もおいでであるし、日蓮上人もおいでである。また仏道の精神を輝かされた道元禅師の禅宗もある。しかしながら、生活する民衆の心に大切な仏法の光を掲げた第一人者は、私たちが宗祖と仰ぐ親鸞聖人である」と、声を大にして訴えていかなければならない責任と使命があるということが、しきりに思われてならないのです。

吉川英治さんの励まし

昭和三十六年（一九六一年）は、親鸞聖人の七百回御遠忌をお勤めした年でした。七百回の御遠忌をお勤めしたそのときに、非常に優れた、そして社会的に大きな感化力をお持ちであった方が、「親鸞聖人という方を、私たちは持っている」ということを、情熱を込め、大きな声で訴えてくださいました。これはたいへん幸いであったと思います。その方は、大衆に訴える立派な小説を多くお書きになった、吉川英治さんです。『親鸞』という小説もお書きになり、その独自の聖人理解を表す「吉川親鸞」という言葉も、生まれていました。

その吉川英治さんが、作家の目をとおして、親鸞聖人という方を私たちが持っていることの大切さを、非常に広く訴えてくださいましたし、宗門に対しても「しっかりやってくれ」という大きな期待を、声を大にして叫んでくださっていました。

それから、先年お勤めした蓮如上人の五百回御遠忌には、作家の五木寛之さんが、岩波書店から『蓮如』を、また子どもさんたちのために『蓮如物語』を出されました。これは映画にもなりましたが、五木さんが蓮如上人の大切な意義を広く訴えてくださったという点では、宗門の私たちよりもはるかに大きな感化を、幅広く与えてくださいました。宗門としては、大いに感謝申し上げるところです。

ＮＨＫの教育放送に、「人間大学」という十回連続の、かなり水準の高い番組がありますが、あそこで、御遠忌の十年くらい前に、「聖と俗との人間像」という題で、蓮如上人を取り上げて番組を作ってくださいました。五木さんがこの題のもとに蓮如上人を語られたのですけれども、どういう内容で蓮如上人を広く日本の人びとに訴えていったらよいかについて、事前の相談がありました。五木さんの蓮如理解が、宗門として「結構です」と言えるかどうか、そしてまた問題があってはいけないから、問題があれば指摘をしてほし

いというご依頼で、ある場所で初めて五木さんとお話をしたことがありました。そのときの相談の中で五木さんに、

「蓮如上人を、あなたはどう思われますか」

とお尋ねしたら、五木さんがすぐにひと言、

「はあ、ぼくは蓮如さんが好きです」

と言われました。私は、わが意を得たりという感銘を受けました。

そういえば、その前後に、たまたま出版部へ用事で行きましたおりに、よく知っている方が来ておられたのに遇いました。映画で見て、お顔をよく知っている三国連太郎さんです。私は三国さんのファンですので、これはいいところに出合わせたと思い、用事が終わったあと挨拶をして、しばらく雑談をしたことがあります。このごろは「釣りバカ日誌」で大活躍をなさっていますが、「八甲田山」あるいは「息子」などの名作に出演なさっている、あの三国さんです。素顔の三国さんに初めてお会いしましたが、本当に謙虚で、教養の高い立派な紳士でした。

すぐに、親鸞聖人についての話題に移っていきました。それで、

「三国さん、あなたは、映画『白い道』も作ってくださったのですが、親鸞聖人をどう

思っておいでですか」

とお尋ねしましたら、これも見事な一言をいただきました。

「はあ、ぼくは親鸞聖人が好きです」

と。

どなたがおっしゃっても、そういう言葉をお聞きすれば、うれしいものです。ましていわんやファンでもあるし、多くの人びとが映画をとおしてその人を知っている、俳優三国連太郎氏が、「ぼくは親鸞聖人が好きです」と言われる。わが意を得たりというか、少し誇張に過ぎますけれども、百万の援軍を得たようなうれしさを感じまして、

「それはたいへんうれしい言葉をお聞きしました。ところで三国さん、あなたは、なぜ親鸞聖人がお好きなのですか」

とお尋ねしましたら、そのお答えがまた見事です。

「はあ、親鸞聖人は、ぼくたちのようなものを、御同朋と呼んでくださった。だからぼくは、親鸞聖人が好きです」

こう言われたのです。見事な親鸞聖人理解と言うべきでしょう。

五木さんは「ぼくは蓮如さんが好きだ」と言われ、三国さんは「ぼくは親鸞聖人が好き

だ」と言われます。立派なお仕事をなさって、大きな感化を広く日本の人びとに与えておいでになる方がたの中に、こういう方がおいでであることに、とても力強いものを感じ、非常にうれしい気持ちがしました。

宗門の外に教えを広げるために

さらにいま一人、高史明さんをあげたいと思います。この方はよくご承知のように、闇を感じるほかはない人間の非常に無残な姿がさらけ出されている現在、『歎異抄』をとおして、親鸞聖人の教えがどれほど大切な教えであるかを、ご自分の体験をとおして強調してくださっています。

高史明さんの『親鸞論集』三冊が、法藏館から出されています。『歎異抄』や親鸞聖人について、高さんがお話しされ、またお書きになったものを、立派な三冊の本にまとめてあります。ああいうものを出版していただきますと、宗門が親鸞聖人を讃仰するについて、同じように大きな援軍を得たという喜びが強く感ぜられます。

五木さんは、宗門のあれこれの方が蓮如上人を顕彰するよりもはるかに大きな感化を、蓮如上人を輝かすうえで果たしてくださいました。そのことを思いますので、

「宗派として、たいへん大切な仕事を果たしてくださってありがたく思うと、五木さんにお礼を言ったらどうですか。当然言うべきではありませんか。それと高史明さんに対しても」

と、宗務総長さんに申し上げましたところ、「それもそうだ」ということで、高さんと五木さんと別々に、懇談の席を設けていただきました。

それで、五木さんとゆっくり二、三時間、懇談をしました。その席で宗務総長から宗門の名において、そのご尽力にお礼を言っていただいたあと、最後に五木さんが、

「親鸞聖人の御遠忌をほどなくお迎えになると思いますが、もし私のような者でもお手伝いできることがありますならば、なんなりともおおせつけてくださいますように」

と言ってくださり、なかなかうれしい機会でした。

さて、七百回の御遠忌のときには、吉川英治さんという大きな支持の方を得ました。蓮如上人の御遠忌には、五木さんという非常に大切な方の支持を得ました。そうすると、七年後に親鸞聖人の御遠忌をお迎えする準備を進めなければならないときである今、今度はだれを期待することができるであろうか、まただれを期待すべきであるか。繰り返しますが、「親鸞聖人を私たちが持っているということは、どれほど大切なことであるか」とい

うことを、宗門の中にいる者よりもはるかに大きな感化力あるいは影響力をもって、それぞれのお立場から広く訴えていただける人、これを得るという努力を積極的に進めることも、やはり宗派として、大切な努力の一つであろうと思います。

繰り返しますように、親鸞聖人はこの真宗の宗祖でありますけれども、さらに人類の祖師というべき大きな意味をもつお方であります。だから、いま申し上げた期待を寄せる方がたは、それぞれのお立場がおありですので、言葉はよくないですけれども、真宗の理解者そして協力者を一人でも多く得て、宗派の内外を越えて、人間として真剣かつ誠実に、末法濁世というほかはないこの時代の状況を生きていこうとするならば、「親鸞聖人がおられなかったら、私たちは途方に暮れるほかはないではないか」という理解と、親鸞聖人の真理の教えあればこそと、親鸞聖人を訴えていく仕事を、幅広く共有していかなければならないと、あらためて強く感じていることです。

親鸞聖人とはどういう人か

それでは最初に、「親鸞聖人とはどういう人であったのか」ということについて、基本的な見当をつけていきたいと思います。よく使われる表現で言えば、「親鸞聖人の人間像」

です。このことを、まずよく理解しておきたいと思います。

これを尋ねるときに、私がまず第一に思い起こすのは、『歎異抄』のひと言です。それについて、「信心」というのは如来に目覚めた心でありますけれども、「信念」といえば、その如来に目覚めた心に立って生きていくという、生きる力を信心にいただくことを表します。こういう場合は、「信念」という言葉もなかなか意味が深いように思います。

親鸞聖人がその信念というべきものを、『歎異抄』の中でもっとも端的にお述べになっている言葉が、第七章にある、

念仏者は無碍の一道なり。

という言葉です。とても大切な意味をもつ親鸞聖人の言葉であると、私は感銘をもって聞いていることです。

この言葉によって、いったい親鸞聖人という方はどういう方であったかを尋ねますと、第一に、念仏者すなわち「念仏する仏者」であったと、承知しなければなりません。第七章ではそれを解説して、「信心の行者」とも言いますけれども、「念仏する仏者」であられたということは、動かないところだと思います。

そうすると、少なくとも親鸞聖人を宗祖と仰ぐのであれば、私たちは親鸞聖人に随って

念仏するものでありたい、あるいは念仏するものでなければ親鸞聖人の門徒とは言えないぞと、覚悟しなければなりません。そう覚悟するとすぐ、「念仏の声が燃え上がっているであろうか」という、宗門の現状についての反省が促されてきます。

くどいようですが、親鸞聖人は「念仏する仏者」です。坐禅を組む仏者でもなく、修行をする仏者でもなく、「南無妙法蓮華経」と唱える仏者でもなく、「南無阿弥陀仏と念仏する仏者」、「帰命尽十方無礙光如来の念仏に、如来の心をいただく仏者」です。これが親鸞聖人の大切なお姿として、まず浮かんできます。

このことを思うとき、親鸞聖人の和讃が合わせて思い起こされてきます。『正像末和讃』の終わりのところにある、「報恩講和讃」のはじめになっている和讃です。

　弥陀大悲の誓願を　　ふかく信ぜんひとはみな
　ねてもさめてもへだてなく　　南無阿弥陀仏をとなうべし

「となうべし」というのは、これはすぐわかるように、命令形です。念仏を忘れてはならない。身を励まし、心を励まして、「南無阿弥陀仏」と如来の名を称えながら生きていけという、力を込めての念仏の勧めです。

親鸞聖人は、「自然に念仏ができる」、そんなきれいごとをおっしゃるわけではありません。私たちは、ともすると念仏を忘れます。念仏を忘れれば、如来を忘れるでしょう。だから、身を励まし心を励まして、念仏に生きていくのだ。この覚悟をもってこそ念仏者である、こういうことです。

ただしその念仏は、「弥陀大悲の誓願」を深く信ずる心を、「南無阿弥陀仏」と表白しているような念仏であって、内容のない、単に発音をしているような念仏とは違います。私たちは、本願のお心を、聞法を大切にすることによっていただいていくのです。孤独に責められることの多いこの私、そういう私の人生を、大悲の本願はしっかりと生かしてくださっている。そのことに目覚めていきたい。そこに救いがあるわけですから。その如来に目覚めた心、尽十方無礙光の世界に目覚めた心を、「帰命尽十方無礙光如来」、つまり「南無阿弥陀仏」と表白する、そういう念仏です。

これ以上に立派な生き方があるでしょうか。暗い闇をさまよってきた私が、無限の光の中に生きる新しい命によみがえったのです。私は本当にうれしい。そのうれしい心、「尽十方の無礙光如来に帰命す」という心を、インド以来の「南無阿弥陀仏」という言葉で申し述べるということです。

そのような意味で、親鸞聖人という方はどういう人であったかというと、何よりもまず、

「念仏する仏者」であられたということです。親鸞聖人をわが人生の師匠と仰ぐということは、親鸞聖人の教えに励まされて、私もまた如来に目覚めるものとなり、「南無阿弥陀仏」と念仏する姿で、その喜びを表したいと願っている者だということです。念仏者が親鸞聖人の人間像であり、また真宗の人間像である。これがまず『歎異抄』の言葉からして、動かないところであると思われてくることです。

無礙の一道に立って生きる

それから、親鸞聖人が生きていかれた信念は、「無礙の一道」に立って生きるということです。こういう信念が念仏に恵まれる、これが親鸞聖人のご信心です。

それでこの「無礙の一道」ですが、これもまたとても大切な意味をもっております。無礙の反対は有礙で、障りがあるということです。私は昭和三年（一九二八年）生まれで、満七十六歳になったところですが、七十年生きてきますと、人生を見る目が、多少自然に開かれてくるように思います。そうすると、私は幸い、息子が跡を継ぐべくやってくれていますので、七十も半ばを超えて高齢者になっているわけですから、昔なら楽隠居といわれるような、人生の状況におります。楽かどうかはわからないけれども、第一線を退いて、庭木をいじったり、旅行したりと、悠々自適の生活を夢見るわけですけれども、全然そういう心境にはなりません。むしろ、自分の家のこと、お寺のこと、地域の将来のこと、日本の社会全体のことで、どうしたらいいのだろうかと、途方に暮れる思いが深くなるばかりです。だれが楽隠居などして、温泉三昧で、のん気に暮らすことができるでしょうか。多少目を開いて、私たちを包んでいるこの世の姿を見れば、あれもこれもが身を責めて、心が落ち着かなくなるでしょう。

では、どうしたらいいのかと考えるけれども、どうしたらいいか、なかなかわかりません。連日、無残な犯罪が続きます。どうすればあの悲劇を防止できるだろうかといっても、一人や二人の努力ではどうにもなりません。けれども、ここまで人間が荒んでしまったのかと、みんな心が痛んでおります。痛むけれども、どうしたらいいか具体策などありはしません。つまり、途方に暮れる思いというものが、おそらく多くの方の胸を痛めていることであろうかと思います。そういうのが私たちの障りです。これが障りに責められている具体相ですから、あのことに突き当たって苦しみ、このことに突き当たって身を責められ、ほとんどオロオロしながら生きていかざるを得ないのが、多くの人の実状でしょう。

そういう障りの多い人生の中に生きて、しかしながら、もし「南無阿弥陀仏」と、大悲の中に生きる心、如来とともに生きるという心をいただくことができたならば、その障りの多い人生に耐えていくことができるのです。

比叡山を開かれた伝教大師は、比叡山で養成したいと願われた人物の姿を、「一隅を照らす」という言葉でお示しくださいました。私たちは人類を思い、「十方衆生」という言葉に大切なものを感じますけれども、生活する場は、ほんの狭い場です。一隅です。地域なら地域というような、自分の生活する場に、たとえ小さくとも光を掲げて、「あの人がおいでになるというだけで、周りが明るくなる」と言われるような、「一隅を照らすものであれ」と、伝教大師は比叡山をお開きになるときに願われたのです。

これは、親鸞聖人の願いでもあろうかと思います。そういうように一人ひとりが念仏するものとなって、これこそ親鸞聖人の教えに随って、同朋の交わりをいただいて、共に念仏する。そういう人間関係を結んでいくことです。そうして生きていくことが、人間の誠実な生き方だと思うのです。

そのように、自分の生活するところに、多少でも光を掲げていきたい。その光を私たちは、お念仏にいただくのだ。だから、「帰命尽十方無礙光如来」のもとに生きるのだという覚悟をもって、いただいた人生の大切なものをそこに感じながら、誠実に生きていくのです。そういう人生を、親鸞聖人は「無礙の一道」とおっしゃったに違いありません。念仏者に賜る大切な生き方が、ここにあります。こうして、姿は「念仏者」、生きていこうと願われた人生は「無礙の一道」、こういうものが親鸞聖人のお姿であり、生きていかれた信念であると、このことをまず『歎異抄』から、私は了解するものであります。

大乗の仏教者

親鸞聖人はこのように、念仏の信念に生きた人でありますけれども、さらに大乗仏教の精神を思想的に広く明らかにした、偉大な仏教の思想家という面があります。だから「無礙道」という端的な言葉で、念仏の信念に立って生きていく人生をお述べになりますけれども、多少それを思想的にお述べになったものとして、七十八歳のときにお書きになった、『唯信鈔文意』という大切なお聖教があります。その中の言葉ですが、

ひとすじに、具縛の凡愚、屠沽の下類、無礙光仏の不可思議の本願、広大智慧の名号を信楽すれば、煩悩を具足しながら、無上大涅槃にいたるなり。

という信念が述べられています。たいへん心を惹かれる言葉です。私たちは煩悩にまみれて生きておりますけれども、そんなことは問題ではない。大切なことは、念仏の身となる

ことである。念仏の身となったならば、煩悩の身のままに無上大涅槃に向かって生きていくという、大らかな自覚道が恵まれるのだ。煩悩なんかは問題ではないという信念です。念仏する人はまっすぐに、如来のお証りである大涅槃の世界に向かって生きていくのだ。それが「無礙道」の大切な内容であり、意味である。これが親鸞聖人の、大乗の仏教者としての信念の内容づけです。

こういう親鸞聖人の信念を、軽く見るわけにはいきません。如来の涅槃のお証りに向かってまっすぐに生きていく人生を、念仏は、念仏する人に実現していくのだ。こういう親鸞聖人のお姿そして信念を、私たちはまずよく承知しておきたい、こう願うことです。

群萌としての自覚

親鸞聖人は、苦労の多い九十年の人生を生きていかれたのですけれども、法然上人にお遇いになって、大らかに念仏する仏者となられたのですが、そのあとの親鸞聖人には、一般の言葉で言えば、大きな情熱の火が燃えておりました。仏教の言葉で言えば、大きな志願の火が燃えていた。こういう感銘を私は受けるのです。親鸞聖人の中に燃えていた、この志願の火をしきりに思うのです。どういう願いを、親鸞聖人は感得して生きていかれたのであるか。その問いかけの糸口をあれこれ考えて、私は次のように理解しているのです。『無量寿経』に「群萌」という言葉があります。群がり芽生えるもの、現代語で言えば、ほぼ雑草です。実はこのあいだ、シルクロードへ遊びに行ってきたのですが、『無量寿経』が流伝した乾燥地帯に行って見る雑草は、この湿度の高い日本で見る雑草とは、よほどイメージが違います。私たちが雑草というと、きれいな緑のイメージですが、ああいう乾燥地帯で見る雑草は、泥をかぶって灰色です。あれが「群萌」という言葉のもとのイメージだったと思います。泥をかぶっているもの、つまり、この世の泥にまみれて生きているもの、それを表す譬えとして、雑草つまり「群萌」という言葉を、『無量寿経』は語ったのであろうかということに気がつきました。

この世の泥にまみれて生きているもの。そうではないと言える人が、いったいいるでしょうか。どんなに恵まれたように見える人でも、いかんなくこの世の泥にまみれています。それほど、人間がこの世に生きるということは厳しい。この世の泥、つまり穢土の泥にまみれないで生きていくことができる人は、一人もいないのではありませんか。

この世の泥にまみれて生きているというつらさを、他人事ならず自分の身に感じて、だからその泥にまみれて生きるほかにきれいな道はないけれども、その悲しみの中で、泥まみれになって生きている全体を生かしていく、大きな道がほしいと願ったのです。それに応えて、如来は本願をおこしたのだと、『無量寿経』は説いているのです。

私たちは、この世に生きていれば、泥まみれになって生きていかなければならないつらさが、あるいは痛みが、身を責めます。それがわからないのは未成年者であって、ひとかどの大人であれば、人生の年輪が自然にそういうことを感じさせます。本当のことをいうと、みんなつらいのです。しかも、どうしていいかわからない、こういう場面が連続しますから、途方に暮れる思いで一日一日を、その日暮らしで過ごしている。こういうのが私たちの、ごまかしようもない姿ではないか。それを「群萌」、つまり泥にまみれて生きる雑草のようなものと表すのです。それが本願を求める人間の姿ではないかと、『無量寿経』は人間を見ているのです。

凡小として生きるもの

もう一つの、人間を見る意味深い目があります。それは人間を、「凡夫」あるいは「凡小」と見る目です。『歎異抄』の最後に、親鸞聖人の「つねのおおせ」が伝えられます。たいへん大切な言葉です。

「弥陀の五劫思惟の願をよくよく案ずれば、ひとえに親鸞一人がためなりけり。されば、そくばくの業をもちける身にてありけるを、たすけんとおぼしめしたちける本願のかたじけなさよ」と御述懐そうらいし。

こう伝えられていますでしょう。そこに親鸞聖人は自分自身を正直に白状なさって、「そくばくの業をもちける身」であるとおっしゃっています。

「そくばく」というのは、鎌倉時代の言葉で「たくさんの」という意味です。たくさんの業。背負いきれないほどの人生の重荷。身軽に生きていきたいけれども、そうはいかない。背負いきれないほどの人生の重荷を、全身に感じている。その姿を、安田理深先生は実感を込めて、「ため息をつきながら生きているのだ」と述懐をなさっていました。五木さんも「自分の記憶に残っている父親は、しょっちゅう、『ああ』とため息をついていた」と語っておられました。そのため息は、やりきれない思いが漏れる姿かと思います。そういうものが「凡小」です。「そくばくの業をもちける身」、自分のことしか考えられないで、ひとさまのことなんか考える余裕がない。こういうある意味で哀れな姿をさらして生きている小さな人間を、親鸞聖人は「凡夫」とか「凡小」という言葉で表されました。

一人ひとりを見れば、他人から切り離されて、絶望的な孤独を感じながら生きていかなければならない小さな存在です。そしてそこには、しかしながら背負いきれないほどの人生の重荷が全身にのしかかって、ため息を漏らすほかはない日が続く。そして、広い目で見れば、この世の泥にまみれて生きるほかはないものです。『無量寿経』は、人間をそういうものとして見ているのです。そのような『無量寿経』の教えが親鸞聖人に、「これが私たちの姿であるか」と、非常に厳粛に人間を見る目を与えたと思われます。

しかしながら親鸞聖人は、この世の泥にまみれて生きる「群萠」を同朋として、つまり兄弟姉妹と感じながら、ともに願生浄土の道を生きようと願われたのです。言葉を換えて言えば、如来の大悲の世界、そして如来の真理の証りの世界に向かって、励まし合いながら生きていこうと願われた。そういう願いの火が、親鸞聖人の中にはずっと燃え続けていたのです。

私たちが親鸞聖人を学んでいくということは、親鸞聖人の中に燃えていた志願の火、すなわち「群萠」を友とし同朋として、共に願生浄土の道を生きていきたいという、親鸞聖人の願いに触れることです。その願いは、親鸞聖人の願いですけれども、また私たちの本当の願いでもあります。私もまた、その道を生きていきたい。これが親鸞聖人に随うということであるに違いありません。私はこう了解していることであります。

同朋と共に生きる世界

発足して四十年たった同朋会運動は、こういうようなことを、ことに同朋というところに、非常に大切な親鸞聖人の自覚の要を見ながら、親鸞聖人を了解する道を提起したことです。念仏は必ず、すべての人は同朋であり、浄土の兄弟姉妹であり、そして如来の家の家族だという目を開きます。これが曇鸞大師、天親菩薩の教えですが、同朋会運動は、このことが親鸞聖人の信念の要であるのみならず、お釈迦さま以来の浄土真宗の生き方の要であると、あらためて尋ね当てたわけです。

親鸞聖人が同朋という言葉をお使いになるときのいちばん深い感銘は、お釈迦さまの言葉からいただかれたに違いありません。それは『正像末和讃』に歌われています。

他力の信心うるひとを　うやまいおおきによろこべば
すなわちわが親友ぞと　教主世尊はほめたまう

この世の厳しさに負けないで、誠実に聞法の道に身を励まして、「南無阿弥陀仏」と大らかに念仏して生きておられる方がおいでである。そういう人にお遇いして、尊い方がおいでである。私はとてもいい人に遇うことができたと喜ぶことがあるならば、その私たちを、お釈迦さまが「わがよき友」と誉めてくださる。お釈迦さまから「私の大切な友だちである」と誉めていただく、このことに勝る喜びがあるであろうか。そういうものが、親鸞聖人が同朋といい御同朋とおっしゃるときの、いちばん根本にあるお気持ちであるに違いありません。

同朋という言葉は、『観無量寿経』で言えば「人中の分陀利華」、つまり泥の中に咲く白い蓮華のような尊い方だということです。そういう白蓮華という譬えで表すような尊いものが、念仏する人には輝いているというので、それを御同朋と呼ばれたのでしょう。そうすると、私たちの密かな願いは、お粗末な生き方をさらして生きているけれども、願わくは、親鸞聖人から御同朋と呼ばれるような者でありたい、あるいはそういう者になりたい。それが、私たちの中に動くいちばん正直な希望というか、願いであろうかと了解していることです。

そのように、親鸞聖人は「群萌」を同朋として、共に願生浄土の道を生きようと願われた。願生浄土というのは、往生浄土とは違います。すべての人と一緒にというのが、願生です。往生は一人ひとりの問題ですけれども、人間は孤独で一人生きているわけではありません。私が救われても、家内が苦しんでいれば、私の救いは成り立たないではないか。おやじが救われても、子どもが苦しんでいれば、喜んでいるわけにはいかないだろう。だから、深い業の縁に結ばれている私たち、つまり大切な人間関係の絆に結ばれて、共に生きている者、そのすべての者が励まし合って、如来の大悲の世界に生きていきたい。こう願うのが、親鸞聖人の信念であったに違いないのです。このように私は、親鸞聖人の中に燃えていた願いを了解することです。

信心は、人間の中に意味深い願いを呼び覚ましてくるのでありますが、その願いを、真宗の歴史は願生浄土の願いであると自覚的に了解してきたと思います。私たちは何よりもまず最初に、それを親鸞聖人にはっきりとよく教えられていきたいと考えることです。

親鸞聖人の大切な言葉

私たちがそのような親鸞聖人を尋ねていくについて、大切な親鸞聖人の言葉が、いくつか思い出されてまいります。それについて私は、三つほどのよく知られている言葉を、あらためて思うべきであると考えるのです。

第一は御持言です。

われはこれ賀古の教信沙弥の定なり。

親鸞聖人が口癖のように言っておられた言葉であったと、覚如上人の『改邪鈔』は伝えるのです。

二番目は御遺言に近い言葉です。これも『改邪鈔』に伝えられているお言葉です。

某　閉眼せば、賀茂河にいれて魚にあたうべし。

「某」というのは、親鸞聖人のことです。意味はもう、おわかりのとおりです。

三番目は、親鸞聖人がお亡くなりになったあと、お弔いをすべく片づけをしたとき、布団の下に書きものがあったという伝説がありますが、それに記されていたと伝えられる言葉です。これは、親鸞聖人が亡くなられたあと、親鸞聖人の教えによって念仏の身となったうれしさを感じた、たくさんの人びとの中から生まれ、そしてその念仏者の中に生き続ける親鸞聖人の面影を表す言葉です。

わがとしきわまりて、安養浄土に還帰すといえども、和歌の浦曲の片男波の寄せかけ寄せかけ帰らんに同じ、一人いて喜ばば、二人と思うべし、二人いて喜ばば、三人と思うべし。その一人は親鸞なり。

こう記されていたという言い伝えです。もちろん、後の人が作った、忘れられない親鸞聖人の面影を表した言葉ですが、たいへんいい言葉だと思います。「一人でもいい、二人でもいい。念仏の身となって、如来に救われた喜びをいただき、語り合うことがあるならば、もう一人一緒にいて、喜びを共にすると思ってくれ。その一人はこの親鸞である。自分はいつでも、念仏の喜びをいただいた人と一緒にいて、喜びを共にしたいのだ」と願ってくれた人こそ、私たちの仰ぐ親鸞聖人である。こういう非常に淳な、親鸞聖人を思う気持ちを表現した言葉です。

大谷派では歌うことが少ないのですけれども、本願寺派では、「報恩講の歌」という歌がありまして、そこにこの言葉が歌い込まれています。なかなかいいメロディーです。

一人居てしも喜びなば
二人と思え二人にして
喜ぶおりは三人なるぞ
その一人こそ親鸞なれ

そうではないでしょうか。今度、御影堂の大屋根の修理が始まって、御真影の動座がありました。そういうときでも、あるのは古い木像ですけれども、やはりそこに生きた親鸞聖人を感じてきた大切なお木像です。そこに感ずる親鸞聖人は、「一人ではない、いつもあなたと一緒におりたい」と願ってくれた人を、あのお木像に感じてきたという感銘ですから。これが、親鸞聖人がお亡くなりになったあと、人間親鸞の生死を超えて生き続けている、宗祖としての親鸞聖人の法身です。

一番目は御持言、二番目は御遺言、三番目は法身つまり永遠に生き続ける親鸞聖人、これを表す言葉である。こう理解することができます。

親鸞聖人のすさまじい覚悟

これを見ると、親鸞聖人という方は、すさまじいほどの覚悟をもって生きていかれた方だという感銘が、新たになってきます。

「賀古の教信沙弥」といわれるその「賀古」は、播州の加古川です。山陽道に神戸、加古川、姫路と街が続きますが、その加古川市のところに、加古川が流れています。親鸞聖人の百八十年ばかり前、平安時代の中期のころ、その加古川に教信という沙弥がおられたと伝えられています。あの教信沙弥を、私は生活の手本として生きていきたい。これが親鸞聖人の御持言であったと伝えられる、第一番目の言葉の意味です。「定」というのは、「案の定」という言葉のあの「定」ですから、そのとおりという意味です。「加古川におられた教信沙弥が生きていかれた、そのとおりに私は生きていきたい、こう願っているものである」こういう気持ちを語られた述懐です。

この「賀古の教信沙弥」について、亡くなられた大谷大学の国文学の教授であった渡辺貞麿先生の本が、『教信沙弥と往生人たち』という題で出版部から出版されていますから、ご覧になっていただければ幸いです。

この教信という人は、もと興福寺の学問僧であったといわれる人です。それが、学問することになんだか空しさを感じて、興福寺を抜け出した。そして、何年か遍歴放浪を重ねたあと、播州の加古川の河原に住むようになった。そのときには、もう出家の姿はかなぐり捨てて、妻を持ち、親子三人で暮らす姿であった。加古川の河原に粗末な小屋を建てて住んでいたのですが、近くの農民の手伝いをしたり、加古川を渡る旅人の荷物を担いだりして、わずかばかりの日銭を稼いで、親子三人が貧しい貧しい生活を送っていた。その教信の小屋には、壁も何もなかった。むしろがぶら下がっているだけなのですけれども、西は開いていて、教信は、仕事のないときにはいつも西に向かって、「南無阿弥陀仏」と念仏していたというのです。土地の人は、教信がどういう氏・素性の人か全然わからないものですから、いつも「南無阿弥陀仏」と念仏しているので、「阿弥陀丸」というあだ名で呼んでいたといわれます。

そこに物語があります。

その教信が亡くなったとき、箕面の勝尾寺の偉いお坊さんが、夢に教信が亡くなったことを知って、加古川に訪ねて行ったというのです。そうしたら、河原に粗末な小屋があって、そこで一人の女性と子どもがオロオロ泣いていた。

「教信はこのあたりにおられるはずだが」と尋ねたら、

「教信というのは、私の夫でございます」

「どうしておられるのか」

「このたび亡くなりましたが、ご覧のとおりのものでございます。どうしていいかわからないものですから、ただ、オロオロ泣いているばかりです」

「遺体をどうしているのか」

「どうしていいかわからないから、河原の藪に置いてございます」

こう女性が言った。それで一緒に行ってみたら、教信の遺体は河原の藪の陰に横たえられていたけれども、それを鳥がつつき、犬が喰らうに任せられていた。

教信沙弥という人は、こういう言い伝えとともに知られている、どん底の生活をしながら念仏に生き抜いた人と仰がれていた、一人の平安時代の往生人なのです。それを親鸞聖人は、「私の生活する手本だ」と覚悟しておられたのです。

親鸞聖人は奥さんもありましたし、子どもさんもおありでした。どこまでが真実であるかはわからないけれども、お子さまの善鸞さまが親鸞聖人に背くというようなことが起きて、親子の縁を切らなければならないという悲劇も、体験なさった方です。親鸞聖人は出家ではありません。妻子をもった仏教者、つまり沙弥として生きられた方なのです。妻子を持った沙弥、これが親鸞聖人のこの世を生きていかれた姿です。だから、「教信沙弥を手本として、あのように私は生きていきたい」と覚悟なさっていたというのですが、考えてみると、これはかなり凄まじい覚悟です。

いまの私たちは、寺の庫裏を居心地のよい住居に造り直すという関心は強いですけれども、西は壁もつけないで開けておいて、「南無阿弥陀仏」と西に向かって念仏するような覚悟をもった寺族が、一人でもいるかどうか、はなはだ心許なく存じます。

賀茂川にいれて魚にあたうべし

それから二番目は、「自分が命終えたならば、賀茂川に捨てて、魚にでもやってくれ」という言葉です。

親鸞聖人が亡くなられたのは、現在の御池通柳馬場のあたりにあった、弟さまの尋有の里坊である善法院です。数百メートル東へ行けば賀茂川ですが、現在のようなビルはありませんから、親鸞聖人の亡くなられたところからすると、賀茂川が見えるはずです。「私が死んだら、あの賀茂川へ捨ててくれ」と、こうつぶやくようにおっしゃったのだろうと想像します。

問題は、やがて命終わる日が遠くないと感じられるようになった親鸞聖人の胸の中に、消えようもなく思われていた賀茂川が、どんな光景の河原であったかということです。親鸞聖人が親と死に別れて、孤児となったあの幼かったころ、京都は大飢饉に襲われておりました。養和の大飢饉です。無残に飢え死にした人の死体が河原に捨てられて、人が通る道もなくなったと伝えられています。そして死体の腐る臭いが都に満ち満ち、無残に腐り果てていく哀れな姿が目もあてられない。そういう無残な状態となった、その大飢饉のただ中です。その中に親鸞聖人は、お坊さんになる道を歩きだされていったのです。そういう都のありさまは、鴨長明の『方丈記』に詳しく伝えられていますが、九歳の少年の目に映った、無残に散乱する遺体。それが腐っていく哀れな姿。そういうものは、一生涯忘れられるものではありません。その賀茂川の光景は、それから八十年たって九十歳になり、命終わろうとする親鸞聖人の胸の中に、消えないでまざまざと浮かんでいたと思います。あの飢饉の中で、無残に餓死した人たちが捨てられたあの賀茂川、「あそこへ私も捨ててくれ。私は生きるのも死ぬのも、群萠として生きていくことを余儀なくされている人たちと一緒におりたいのだ」。だいたいこういうような気持ちを、この簡単な言葉に託して、生きるのも死ぬのも、あの本願を求める人間である「群萠」と一緒におりたいのだという覚悟を、親鸞聖人は表明されたのであろうかと、私は了解するのです。

そうすると、一番目の御持言と二番目の御遺言の言葉は、同じ心を表しております。これが、私たちが宗祖と仰ぐ親鸞聖人のお姿です。三国連太郎さんは、「ぼくは親鸞聖人が好きだ」とおっしゃるけれども、それは好きだということも大切であるに違いありませんが、なかなか甘えるわけにはいきません。こういう毅然としたものが、親鸞聖人の面目でしょう。けれども、みんなと一緒におりたいのだ。この世に生きて苦しむ人たち、だからこそ本願を求め本願に救われていく人と、私はいつも一緒におりたいのだと願ってくれた人を、私たちは宗祖と仰ぐのだということです。

御臨末の御書の表す心

第三の言葉は、いつの頃からか親鸞聖人の御遺言として語り伝えられてきた言葉ですけ

れども、おそらく後人の作でしょう。「御臨末の御書」として伝えられたこの言葉は、

我なくも　法はつきまじ　和歌の浦　青草人のあらんかぎりは

という和歌で結ばれています。ところが親鸞聖人は、和歌がお嫌いだったのです。あの十悪の中の「綺語」に、「ワカナリ」と左訓をおつけになった親鸞聖人ですから、当時の貴族たちにとって不可欠の教養であった和歌に対しては、否定的な気持ちをお持ちであったのです。和歌ではなく、当時の人びとが身分の上下を越えて愛好した歌謡である今様に対しては、親鸞聖人はとても深い共感を示しておられるのです。五百首を超える「和讃」をお作りになっているのですから。しかし和歌については、これを「飾り言葉」として拒否的な姿勢をおとりであったようです。その親鸞聖人が、御遺言を和歌で結ばれるはずはありません。だからこの「御臨末の御書」として伝えられる文章は、後の人が親鸞聖人の言葉として作ったものと考えるほかはないのです。

けれども、後の人が作った言葉だから意味が深いのです。親鸞聖人の教えによって念仏者となったたくさんの人びと、その人たちの中に生き続ける、忘れることのできない親鸞聖人の姿がありました。それが「いし、かわら、つぶて」のように生きることを余儀なくされている人びとを「われら」と呼んで、いつも共にあろうと願ってくれた人、自分を

「愚禿釈親鸞」と名のった人、その人であったに違いありません。

このように尋ねてきまして、この「御臨末の御書」が伝えているのは、常に念仏して如来の大悲に生かされる喜びをもった人びとと共にあり、その死をこえて生き続ける親鸞聖人を表す歴史的讃仰の言葉であると、私は了解するのです。その死をこえて、永遠に生き続ける尊いお方、それを仏教は「法身」という言葉で表します。だから親鸞聖人の人間像をよく表している言葉の第三は、親鸞聖人の法身を表すものとして、格別に感銘が深いのです。

ほんのひと言ずつですけれども、親鸞聖人を思うときに、これらの感銘深い言葉を、親鸞聖人が自分を告白されたいちばん基本的な言葉として、よく腹に入れて承知しておりたいのです。こういう覚悟として、如来の真実に目覚めたその生き方が、親鸞聖人に実現していったのです。

親鸞聖人の人生を支えた人たち

群萌と凡小

親鸞という人を尋ねていきますと、大きな願いに生きた方、こういう親鸞聖人の面影が浮かんできます。親鸞聖人の中には、大きな願いあるいは情熱が、火のように燃えていた。それでは親鸞聖人は、どういう内容の願いをお持ちであったのでしょうか。

親鸞聖人は「群萌」という言葉を、とても大切にいただかれています。これは『無量寿経』にある、如来の本願を求め、本願によって救われる人を表す言葉ですが、これはどういう人間でしょうか。これを親鸞聖人は、二つの言葉で表しておられます。

一つは、本願を求め、本願にあるいは如来の大悲に救われていくべき人を、『無量寿経』は群萌と語りますが、その「群萌」です。これは、群がり芽生えるもの、現代の言葉で言う雑草と、ほぼ同じ意味の言葉です。

手前味噌で恐れ入りますけれども、私のところのご門徒が、推進員養成講座に参加して、最後の講習会での任命式のときに、ご本山の両堂の裏、同朋会館や研修道場のあたりを通りますと、えらく草が生い茂っていました。表はさすがにきれいですけれども、

「やはり掃除というのは、裏をきれいにするのが本来の掃除の精神ですから、宗務総長さんが訴えておられる『門徒総上山』を、草を刈るというかたちで実行しましょう」

と呼びかけて、去年と今年と草刈り奉仕団に来ました。田舎のご門徒ですから、草刈りといったら、剪定バサミや鎌、さらに草刈り機を四台ほど持ってきました。マイクロバスを借りて、ご本山まで五時間ほどかけて来ました。私も地下足袋を履いて、作業着に着替えて、一緒に草を刈りました。『同朋新聞』の十一月号に載せていただいていますが、写真の右のほうで、白い作業着に地下足袋を履いているのが私です。

そういう雑草です。これは邪魔になる草です。いや、このごろはそうは言わないようです。「雑草だ、雑草だ、邪魔になる草だ」と言っておりましたら、うちの坊守さんが生け花に凝っておりまして、

「ご院家さん、それは認識不足です。このごろは、花屋で売っているきれいな花も、生け花の大切な材料なのだけれども、そのへんにある雑草をとってきて、お花の材料にすると、なかなか現代風のいい材料になるのだから、あまり雑草、つまらない、つまらないと

言わないでください」

こう注意してくれました。それもそうだろうが、風流な人もおられるものだなと思って聞いたことがあります。

この「群萌」は、雑草、つまり邪魔になるもの。もっと厳粛な意味では、この世の泥にまみれて生きることを余儀なくされている人たち、こういう人間の姿を表す言葉であると理解することができます。「この世の泥にまみれて」、これが私たちの非常に厳粛な、この世を生きる姿でしょう。このようにして人間がこの世を生きる厳しさは、どんな人間も避けようがありません。

そういうように、この穢土の泥にまみれて生きることを余儀なくされているものを、『無量寿経』では「群萌」という言葉で表しております。親鸞聖人はそれを「群生」という言葉でも語られますが、この世の厳しさに身を責められるという感覚をもつものは、やはり本当の願いとして、安らぎが欲しいと願うではありませんか。その安らぎがほしいという切実な願い、あるいは祈りに応えて、本願はおこされたのだと、親鸞聖人はご了解になったのです。

それから第二は「凡小」でありますが、「凡小」というのは、「凡夫」というのと同じ意味です。凡夫の中でもつまらないものと、強調した表現になります。親鸞聖人がこの凡夫という言葉で表されるのは、「煩悩にまみれて生きる人間」という意味です。

『歎異抄』が伝える親鸞聖人の「つねのおおせ」を思い出しますと、

聖人のつねのおおせには、「弥陀の五劫思惟の願をよくよく案ずれば、ひとえに親鸞一人がためなりけり。されば、そくばくの業をもちける身にてありけるを、たすけんとおぼしめしたちける本願のかたじけなさよ」と御述懐そうらいし。

「そくばくの業をもちける身」、こういう言葉で、親鸞聖人は自分を率直に白状なさっています。「親鸞聖人よ、あなたはどんな人ですか」。「はい、私は、正直に言えば、そくばくの、つまりたくさんの、背負いきれないほどの人生の重荷を体中に感じて生きているものです。身軽に生きていきたいけれども、目には見えないこの人生の重荷が体中にのしかかって、ため息が出るような思いをもって生きているものです。その私を助けようと立ち上がってくださった本願を思えば、ありがたいというほかに、私は何も言えないのです」。こういう述懐です。そこに「凡小」と同じ意味の「そくばくの業をもちける身」という言葉が、いま言った如来の本願に救われていくべき人間を表す言葉として、意味深く語られています。

孤独の寂しさ

その「凡小」という言葉で表すほかはない人間のもっている非常に厳粛な問題は、孤独です。ひとりぼっちだということです。これはたいへん厳しいこの世の現実です。

現在の日本は、高齢化の社会、つまりお年寄りが増えた社会です。高齢者とか年寄りというと、いつも私は自分の先輩のことを思うものですから、だれのことかと思いますけれども、私も七十六歳ですから、気分はまだ多少は若いつもりでいますけれども、体が「そんな呑気なわけにいかないよ」と促します。だから、まごうかたなき高齢者です。人生の最終段階にさしかかって、連れ合いがいればまだよろしいけれども、それが先立って一人になったときは、否応なく「ひとりぼっちか」という孤独の寂しさに、身を責められると思います。

私たちの地域も、話し合いとか町おこしというのは若い世代の人たちの話で、もっと年輩の方のところへいきますと、「院家さん、早く死んだほうが勝ちでございます」、こういうつぶやきを聞くことが多いのです。年取った夫婦が二人でいれば、まだぶつぶつ愚痴をこぼし合いながらも、かばい合い、助け合う。けれども、生き残った年寄りというのは哀れです。いくら優しいお嫁さんであっても、奥さんに介護してもらうのと、嫁さんに遠慮しながら世話になるのとでは、ずいぶん違います。しかも、それは幸せな場合です。不幸な場合は、顔も見たくないというような家族の関係の中で、世話にならなければならないということは、いつでも起きます。だから、「早く死んだほうが勝ちでございます」という、涙が出るようなつぶやきも洩れるのです。

これは本当に、穢土の厳しさがさらけ出されたつぶやきだと思いますけれども、そういうところに、ひとりで生きていかなければならない厳しさが、あふれるように感じられます。そういう人間を「凡夫」、あるいは「凡小」という言葉で、親鸞聖人は語られました。広く見れば「群萌」、泥をかぶって生きているもの。一人ひとりを見れば、深い孤独に身を責められながら生きていくもの。人間をこう見れば、人間の本当の祈りは、やはり安らぎが欲しいということでしょう。だから、お浄土が「安楽の浄土」という言葉で表されるのは、そういう人間の切実な祈りをよく知っているお浄土の了解であり、それの表現です。

親鸞聖人の時代は、人間を、都に住む人である都人と、田舎の人びととに分けることができました。それで親鸞聖人は、当時の社会的な現状を踏まえて、『無量寿経』が「群萌」という言葉で表した人間を、「田舎の人びと」という言葉でもお述べになります。

そういう人たちを同朋とし兄弟として、励まし合って、この穢土の厳しさに負けないで、愚痴がこぼれることの多い迷いの命をただ生きるのではなく、そういう人生を超えて、如来の大悲の世界に、如来の真実の輝く世界に生まれていく道に立つのだ。こういうような大きな願いを親鸞聖人は仏法から、もっと近くはご自分が得られた信心から感得されて、みんなと一緒にお浄土に生まれていくことを願う大きな願いに、その人生のすべてを捧げていかれた方、これが私たちが宗祖と仰ぐあの親鸞聖人であると、私は基本的に了解しているものです。

そのような了解を踏まえて、親鸞聖人がどういう方であったかを、もう少し違った視点から尋ねていきたいと思います。

親鸞聖人を支えた四人の人

親鸞聖人の、たいへん意味深い、九十年の長い人生があります。たいへん長い、ご苦労の多かった人生であります。その親鸞聖人の意味深い人生について、それを支えた人たちがあることが思われるのです。

親鸞聖人の人生を尋ねることと、自分の人生を考えることとは重なり合うと思います。

ですから親鸞聖人に託して、私たち自身の人生を考え、お話ししているわけです。そうすると、自分の人生を支えてくれている人は幾人もあるけれども、ことに大切な出会いを感じた人を、あなた挙げてごらんなさいと言われれば、お一人お一人に、そういう人があるに違いありません。それを親鸞聖人について尋ねますと、四人の方が、ことに大切な縁を親鸞聖人との間に結ばれたことが思われてくるのです。

第一に挙げるべき人、その人がなかったら、親鸞聖人の人生はない。親鸞聖人がこういう大切な出遇いを遂げられた方は、どなたでしょうか。言うまでもなく法然上人でしょう。そのとおりなのですけれども、親鸞聖人を法然上人に導いた方がありました。だから、その方をまず第一に挙げたほうがいいかと思います。親鸞聖人は、一人で法然上人をお訪ねになったのではありません。ある人の励ましをいただかれて、なのです。その人は、聖徳太子です。

あとの二人ですけれども、親鸞聖人が生きる手本と仰がれた教信沙弥を、やはり挙げたいと思います。いま一人、その人がなかったら、親鸞聖人の人生を考えるわけにいかない大切な方があります。おわかりのとおり、恵信尼さまです。

もちろん、親鸞聖人が大きな信頼を託された真仏、顕智、性信、順信、こういうご門弟たちも大切な意味をもつ、広い意味での親鸞聖人の同朋でありますけれども、いちばん身近に親鸞聖人が大切な縁を結ばれた方としては、この四人を挙げるべきだと、このごろあらためて思うております。

聖徳太子の恩徳

そうすると、聖徳太子と親鸞聖人との間には、どういうご縁が結ばれたのでしょうか。親鸞聖人は聖徳太子については、非常にたくさんの和讃をつくって、捧げておいでになります。親鸞聖人の和讃は全部で五百十七首あったかと思いますが、聖徳太子に捧げられた和讃は、三つの和讃集で、合わせてちょうど二百首にのぼります。五百首の中の二百首は、聖徳太子に捧げた和讃なのですから、よほど親鸞聖人は聖徳太子に深いご縁を感じておられたと思います。

そのたくさんの和讃の中で、『正像末和讃』のあとへ添えられている、『皇太子聖徳奉讃』と題された和讃に、親鸞聖人が聖徳太子に対して抱かれた恩徳感が、よく表れております。

そこにどういう和讃があるかといいますと、

大慈救世聖徳皇　　父のごとくにおわします

大悲救世観世音　母のごとくにおわします
無始よりこのかたこの世まで　聖徳皇のあわれみに
多多のごとくにそいたまい　阿摩のごとくにおわします

聖徳皇のおあわれみに　護持養育たえずして
如来二種の回向に　すすめいれしめおわします

こういう和讃であります。

いちばんわかりやすいのは、「父のごとくにおわします、母のごとくにおわします」ですが、こういう深い思いを、親鸞聖人は聖徳太子に感じておいでになりました。そのことの大切さと意味深さを、まず思うのです。父母というのは、自分を生み、育ててくれたご恩のある人です。だからそれを和讃で、「聖徳皇のおあわれみに、護持養育たえずして」と歌われます。「聖徳太子はとても慈愛深いお方である。私を護り、養い、育ててくださった親の慈愛を感ずるような、懐かしい方である」。そういう正直な気持ちを、親鸞聖人は聖徳太子に抱いておいでになった。これをまず、私は思うのです。

この和讃を見れば、「人の子・親鸞」が思われます。親鸞聖人が四歳の年に、お父さんが、当時の政治がらみの事件があったのではないかと推測されますけれども、妻子を残して行方をくらまされた。以後、わが家である日野家に帰ることはなかったのです。そして、親鸞聖人が八歳の年に、お母さんが亡くなった。八歳というと小学校の三年生ぐらいでしょうか。私のいちばん下の孫がいま小学校の二年生ですが、やはり末っ子というのは、どうも甘えていけません。やんちゃをしているかと思うと、「お母ちゃん」と言って抱きついたりします。つまり親の愛情がいちばん欲しい年齢かと思いますけれども、そのころ親鸞聖人はお母さんと死に別れたのです。「孤児・親鸞」です。だから余計、親に会いたい。親に甘えたい。親鸞聖人が親に甘えたいと思われたかどうかはわかりませんけれども、親鸞聖人を思いますときには、早く親に別れて孤児の悲しみを知った人であったことを、忘れるわけにはいきません。

比叡山に登られて、二十九歳までおられますけれども、やはり青年期に入って、孤児の悲しみ、つまり「ひとりか」という孤独の悲しみを、青年独特の敏感さの中でお感じになることも、あるいはしばしばあったかもしれません。

そういう親鸞聖人が、「法然上人を訪ねていけ」という意味の、聖徳太子の語りかけを夢の中でお聞きになった。それに励まされて、吉水に法然上人を訪ね、「ただ念仏して弥陀にたすけられまいらすべし」という懇ろな念仏の教えを、大きな感動をもって聞き、念仏する人になって、大悲の中に生きる幸せをいただいていかれたのです。

この『皇太子聖徳奉讃』は八十五歳のときのものですから、親鸞聖人には忘れられない大きなご恩として、聖徳太子が生涯思われていたに違いありません。

しかも考えてみると、「父・母」というのは、だれも使う言葉ですけれども、親鸞聖人はあの和讃の中で、お父さんにあたる「ターター」、お母さんにあたる「アンマー」というインドの言葉をお使いになるのです。「多多のごとくにそいたまい、阿摩のごとくにおわします」。ターターというのは、英語になればパパです。アンマーはママです。つまり、親鸞聖人は聖徳太子に対して、「パパ、ママ」という言葉を使っておられるのです。八十五歳の老親鸞が、どんな顔をして「お父ちゃん」と言われたかを想像してみると、なんとなく微笑ましくなります。私はまだ八十五歳になりませんけれども、八十五歳になると、やはり気力もだいぶん衰えるだろうと想像しますが、しかし、「年を取ったけれども、若かったころ、法然上人を訪ねていけと励ましてくださった聖徳太子の、あの温かい励ましが忘れられない」、こういうような気持ちの中に、聖徳太子との縁が結ばれているのです。

和国の教主聖徳皇

親鸞聖人を「法然上人を訪ねていけ」と励ましたのは、比叡山を下りて六角堂に参籠し、後世を祈り続けた親鸞聖人が、九十五日目の暁に体験した観音菩薩の夢告でした。当時の人びとは、観音菩薩は聖徳太子の本地であり、聖徳太子は観音菩薩の化身であると信じておりましたから、聖徳太子を思いながら参籠した親鸞聖人にとって、観音菩薩の夢告はそのまま聖徳太子の励ましとして聞かれたことでしょう。

その聖徳太子の励ましによって法然上人を訪ねた親鸞聖人は、百日に及ぶひたむきな聞法によって大らかに念仏する者となり、如来の大悲の中に生きる身に目覚めた喜びを体験なさるのですが、その体験を得たとき、自分を法然上人に導いた聖徳太子に、あらためてよほど深い恩徳を感じられたのでしょう。その恩徳は、孤児・親鸞にとっては親の慈愛と感ずるほかはない、とても温かいものでした。こうして親鸞聖人はやがて聖徳太子に対して、「父のごとく、母のごとき」護持養育の恩徳を感じていかれることとなるのです。

親鸞聖人がこのようにして聖徳太子に感じられた恩徳について、私は二つの大切なものに注意したいのです。その一つは、聖徳太子に励まされて訪ね、さらに百日に及ぶひたむきな聞法によって「うけたまわりさだめた」法然上人の信念を、「仏智不思議の誓願」あるいは「如来二種の回向」と讃嘆なさっていることです。法然上人が語られたのは、よく知られているように「ただ念仏」の信念です。少し固い教学的な表現でいえば、選択本願の念仏に立つ「念仏往生」の信念です。その信念に立つ仏道を、親鸞聖人はご承知のように「浄土真宗」と仰がれました。その浄土真宗を、親鸞聖人は長い聞思の思索をとおして、ここにあるように「仏智不思議の誓願」、あるいは「如来二種の回向」によって実現する仏道であると、壮大なスケールで開顕していかれたのです。このことについては、法藏館から出していただいた『往生浄土の自覚道』で私の了解を述べておりますので、お読みいただければ有り難く存じます。親鸞聖人のまことに創造的なこの大乗の仏道としての真宗の開顕を、親鸞聖人の七百五十回の御遠忌をやがて迎える現在、私たちは全力をあげてよく了解し、腹に入れて頂戴しなければならないと、考えております。

二つめに心して尋ねあてたいこと、それは聖徳太子の「護持養育」の慈愛の内容として、親鸞聖人が感じとられた恩徳です。それを述べた親鸞聖人の見解を、『皇太子聖徳奉讃』に聞きましょう。

　聖徳皇のあわれみて　　仏智不思議の誓願に
すすめいれしめたまいてぞ　　住正定聚の身となれる

聖徳皇のおあわれみに　　護持養育たえずして
如来二種の回向に　　すすめいれしめおわします

すぐそしてよくわかるように、聖徳太子の「あわれみ」つまり慈愛の内容は、「仏智不思議の誓願」そして「如来二種の回向」に、「すすめいれしめる」ことであると、親鸞聖人はいただいておられるのです。言い換えれば、「父・母」つまり親の慈愛はその深いところで、子であるものに対して「本願を信じ、念仏するものになってくれ」という願いをかけ続けてくれているのかと、親鸞聖人は尋ねあてられたのです。親の慈愛に対する、これ以上に意味深い了解があるでしょうか。私はとても大切な教示を、ここにいただいております。

このような聖徳太子との出遇いに立って、親鸞聖人は聖徳太子への讃仰の思いをさらに深めていかれました。それは「和国の教主・聖徳皇」という、高らかな讃仰です。

日本国帰命聖徳太子　　仏法弘興の恩ふかし
有情救済の慈悲ひろし　　奉讃不退ならしめよ（『定本親鸞聖人全集』和讃篇、二二九頁）

「和国の教主」というのは、もちろん日本のお釈迦さまという意味です。日本の仏教がこの方から始まる、日本仏教の出発点となってくださったお方、こういうとても高い尊敬の表明です。たしかに聖徳太子は、あの「和をもって貴しとなす」に始まる「十七条憲法」に、「篤く三宝を敬え。三宝とは仏法僧これなり」とお示しになっておりますし、日本で最初の思想書といわれる『三経義疏』を著わしておられます。さらに「仏法興隆の寺」を意味する法隆寺の建立や、悲田院・施薬院などの福祉施設をともなった四天王寺の建立など、聖徳太子のお仕事として理解され伝承されてきた事跡を見ますと、聖徳太子を「和国の教主」と讃仰された親鸞聖人の聖徳太子理解は、聖徳太子を「父のごとく母のごとし」と仰がれた立場とはまた違う、歴史的な意味をもったものであることが、強く印象づけられてまいります。

聖徳太子を憶うとき、聖徳太子の夫人の一人であった橘大郎女が伝えたあの一言が、あらためて想起されてくるのです。

我が大王告りたまはく、「世間は虚仮にして、ただ仏のみ真なり」と。（佐藤正英『聖徳太子の仏法』二三〇頁、講談社刊）

二百首にのぼる「太子和讃」をお作りになった親鸞聖人ですから、聖徳太子のこの「世間虚仮、唯仏是真」という言葉は、十分にご承知であったに違いありません。同じ知見を語る親鸞聖人の言葉を、『歎異抄』「後序」に聞きましょう。

煩悩具足の凡夫、火宅無常の世界は、よろずのこと、みなもって、そらごとたわごと、まことあることなきに、ただ念仏のみぞまことにておわします。

親鸞聖人の人生を荘厳するこのような深いご縁が、聖徳太子との間に結ばれているのです。

仏法の師、法然上人

法然上人との間に結ばれたご縁の意味は、もう言うまでもありません。仏法の師です。「この人にお遇いできたからこそ、私は念仏する身となることができた。そして念仏の身となったことによって、如来大悲のご恩を知ることができた者である。法然上人にお遇いすることができなかったならば、このたびの人生もまた空しく終わったであろう」。こういう大きな感謝を、法然上人に感じておられます。

曠劫多生のあいだにも　出離の強縁しらざりき
本師源空いまさずは　このたびむなしくすぎなまし

私は長い流転の悲しさと空しさが身を責める人生の中で、幸いにも法然上人にお遇いすることができた。そして、その信念の吐露を確かにお聞きすることができたという感動をいただいた。その感動の中で私は、「南無阿弥陀仏」と大らかに念仏する者になることができたというご恩、これこそ仏法のご恩ですが、それを確かにいただいた。こう親鸞聖人はおっしゃっているのです。そしてその法然上人に感じられた仏法の師のご縁を、親鸞聖人はもっと広くご了解になり、七高僧にまで展開してご了解になっていくのです。

親鸞聖人のお名前は、天親菩薩と曇鸞大師のお二人の祖師から一文字ずついただいて、自分でおつけになった名前です。天親、曇鸞、親鸞、ここに一つの伝統が成立するのですが、これこそ親鸞聖人が真実教と仰がれた『無量寿経』の伝統です。そういう天親菩薩、曇鸞大師の教えに、大切な仏道の教えをいただく突破口となったもの、出発点となったものが、法然上人との出遇いでありました。ですから個人法然というよりも、仏法の師としての法然上人です。こういう仏法のご縁が親鸞聖人と法然上人との間に結ばれていることは、もうあらためてお話するまでもありません。

はじめに言いましたように、親鸞聖人の場合はこうであったが、それではあなたは、そして私は、仏法の師と仰ぐ方としてどなたを持っているか、よく考えなさい。こう親鸞聖人がおっしゃっているというように、聞いていきたいと思います。

それから教信沙弥でありますが、この方は、どん底の貧しい生活の中、しかも妻子と共に生活する中で、念仏を貫いたといわれる方です。だいたい親鸞聖人の百八十年ほど前、平安時代の中ごろの人であろうと推測されている、実在した人物です。親鸞聖人の御持言として、「我はこれ、賀古の教信沙弥の定なり」という言葉が伝えられているのですから、「教信沙弥が生きていかれたように、あのように私も生きていきたい」と、いつもおっしゃっていた、そのご縁です。ご自分の生活の手本として仰がれた方です。

恵信尼公

それから、これは近ごろ気がついたことですけれども、親鸞聖人を考えるときに、奥さまの存在を忘れるわけにはいきません。私も妻を持っているのですけれども、親鸞聖人についてこのことに気がつくのが、少し手間がかかったと反省しております。田端義夫の演歌を聴いておりましたら、「十九の春」というのがあるのですが、あの中で奥さんのことを「立派な方」と言うのです。それに感銘をうけて、私も妻のことを「立派な方」と言うようになったのですが、親鸞聖人にもとても「立派な方」がおいででした。

いま筑波大学に今井雅晴先生という、お若いけれども非常に立派な、日本中世の思想研究をなさっている方がおいでになります。その今井先生に、『親鸞聖人とその家族』という恵信尼のことを大切に研究なさっている本があります。そして、東京の武蔵野大学の教授で、本願寺派の山崎龍明先生が、ＮＨＫのラジオ放送で、「恵信尼の手紙」と題して十回ほどのお話しをされております。テキストが出ておりますが、親鸞聖人が奥さまの恵信尼との間にどういう縁を結ばれたのかを、非常に丁寧にお話しになっています。

広い意味での親鸞研究の中に、奥さまの恵信尼への関心がかなり広くもたれてきているという印象をもちますが、今井先生のお話をうかがうと、「恵信尼という方は、大した人だ」ということです。

私たちの宗派の大先輩の松野純孝先生も、『人間入門』という親鸞論の中で、「恵信尼は偉い」という感想を、率直にお書きになっております。

ちょうど、このあいだの報恩講のときに、東山七条の京都国立博物館で、「熊皮の御影」が展観されておりました。壮年期の親鸞聖人のお顔をよく表現しているといわれる肖像画です。壮年期というのは、関東におられたころと言ってよいでしょう。そのころの親鸞聖人のお姿を伝えているのであろうかと理解されている肖像画ですが、あれを見ると、たいへんごついお顔です。絵師に、「髭が伸びているかもしれないが、それは描くな」とおっしゃってもよさそうなのに、そうおっしゃっていないのでしょう。無精髭も描かれておりまして、独特の、ごつい顔をしたお姿が描いてあります。

松野先生は、非常にユーモラスな方ですので、それを取り上げられて、

「あんな難しい顔をした親鸞聖人のところへ、だれが訪ねていくだろうか。行けば怖い顔をして、何かよくわからない難しい話ばかりをなさる」

とおっしゃっています。ところが、その親鸞聖人のもとへ、たくさんの道を求める人たちが縁を結んで集まります。それについて、

「あれは親鸞聖人の魅力ももちろんだけれども、奥さんの魅力が大きかったのではないか。親鸞聖人は何やら難しいことをおっしゃって、どうもと思うが、奥さんがとても親切に温かく、ようこそと迎えてくださる。あの奥さんはなかなか立派な方だ。奥さんが結ばれたこういうご縁が、親鸞聖人の結ばれたご縁とともに、とても広かったのではないか」

と想像をなさっていまして、なんだか愉快になります。今井先生もほぼ同じように、恵信尼さまを高く評価なさっております。

その恵信尼さまは、親鸞聖人を観音菩薩の化身だと、心の中で密かに思っておられました。

「観音さまがわが夫となって、私と一緒に生活して、命終わるときには、共にお浄土へ

と願ってくださっている。私はわが夫を、ただ人とは思っておりません」こういうお手紙を、親鸞聖人が亡くなられたときに、娘さんの覚信尼に送っておられます。この恵信尼さまの親鸞聖人に対する深い敬愛の念に、私はとても深い感銘を受けております。そしてその恵信尼さまは、あの時代に、あれだけの手紙をお書きになるほどの教養を持っておられたのです。

そのように、親鸞聖人は奥さまから、「観音さまがわが夫となって」という深い尊敬を得ておられました。親鸞聖人も、「観音さまが美しい女性となって、あなたの妻となろう」という夢の中での語りかけをお聞きになって、やがて、恵信尼さまと夫婦の縁を結ぶ道を選ばれたのですから、親鸞聖人夫妻は、観音さまが結婚しているようなものです。少しおかしい気もしますけれども、人間的な愛情が非常に純化されて、仏さまの慈悲に連なるような深い尊敬の心を込めた愛情となり、このような淳な敬愛で、親鸞聖人ご夫婦は結ばれていたのであろう。こういうことを思わせる、理想的な夫婦です。

夫婦の響き

私は故あって別居しておりますので、ときどき帰って「立派な方」の顔をよく見るのです。「どう見ても、なかなか観音さまに見えないな」と思いながら、双方がこの程度のものので、似合いの夫婦かと思ったりします。ときには、奥さんに観音さまを見る目をもたないような私であるかと、思ったりします。そうなのだけれども、もう少し立派なものが感じられてもいいのだが、どうも愚痴が多いなと思ったりしております。奥さんのほうも、ときどきは「いい人と一緒になれた」と、しおらしいことを言うのです。ところがときには、「とてもあなたのような人とは一緒におれませんから、帰らせてもらいます」と言うものですから、「あんた、どこへ帰るつもりか」と、子どものような喧嘩をします。それでもやはり年を取って、あちこちが痛くなりますと、「わがままな私のために、よくまあ実家に帰らないで、あれこれよく務めてくれる。ありがたいと思わなければならないか」という気持ちが、少しずつするようになりました。もう少し死ぬ時期が近づくと、やはり観音さまかと思うような気分になるかもしれません。

自然の状態であれば、適当な年ごろに、人間は夫婦の縁を結びます。夫婦の縁は、「司婚のことば」にあるように、「敬いと愛」とか「敬にともなう愛」が期待されます。愛情だけでは冷めるから、「大切な方が私のために」という、敬いの気持ちをもって夫婦は愛し合えとお諭しになります。なるほどそのとおりだと思います。

親鸞聖人は、奥さまと子どもさんと一緒に、仏法を身をもって生きていかれました。こういうことが、仏教の上から言っても、親鸞という一人の人間の上から言っても、また親鸞聖人を宗祖と仰ぐ私たちから言っても、とても大切な仏道の現実化というか、具体化なのです。

しかも、その恵信尼さまのお手紙を見ると、恵信尼さまは親鸞聖人を「殿」とお呼びになっています。いまの言葉で言えば、「旦那さま」というぐらいの言葉だと思います。私は家内から「殿」と呼ばれたことはありませんが、改まった場では、「院家さん」と呼ばれます。広島のほうでは、住職のことを院家と呼びますから、本心から敬っているかどうかはわかりませんが、いちおうそういう言葉を使います。鎌倉時代の「殿」の発音は、「とん」だそうです。「はい」は「おう」ですから、恵信尼さまがお側におられる親鸞聖人に「とん」と呼びかけられますと、親鸞聖人は「おう」と返事をなさる。そこになんとも言えない、共にこの世を生きていく夫婦の響きが感じられます。つまり私たちが宗祖と仰ぐ親鸞聖人という方は、そういう人間なのです。

こういうような四人の方のそれぞれと、大切な意味をもつ人間関係を結びながら、親鸞聖人はその人たちに支えられ、励まされて、仏者としての人生を生き抜いていかれたのだと理解することができます。そういう人間関係の意味深さを、親鸞聖人を思うときに私は、あらためて心して思うことです。

愚禿釈親鸞の名のり

こういう、いろいろな意味で親鸞聖人の人生を支えていった人たち、少し硬い言葉で言えば、親鸞聖人の人生を荘厳した方がたをたどっていきますと、その中の法然上人は生涯、戒を大切に守って、出家、独身という姿でありましたけれども、聖徳太子、教信沙弥、そして恵信尼さまは、すべて夫婦の縁をもった人たちです。そうすると親鸞聖人は、法然上人によって本願の仏道に心開かれ、念仏する身となって、その念仏に如来のまことをいただくという、仏道のいちばん大切なものを会得なさった方でありますけれども、生きていく姿は、在家の仏者であった聖徳太子、教信沙弥を仰ぎ、そして恵信尼さまと具体的に夫婦の縁を結びながら、仏法の精神を生きていった方、こういう親鸞聖人の姿が浮かんできます。

親鸞聖人はご自分を、「愚禿釈親鸞」と名のられました。法然上人の仏教運動が弾圧されて、親鸞聖人は法然上人と共に流罪となられるのですが、それを縁として、自分は「禿」

を姓とすると、あえておっしゃいました。『教行信証』の「後序」に、

あるいは僧儀を改めて姓名を賜うて、遠流に処す。予はその一なり。しかればすでに僧にあらず俗にあらず。このゆえに「禿」の字をもって姓とす。

とあります。「非僧非俗」の身であるから「禿」と名のるということです。

この「非僧非俗」という言葉は、「禿」と名のられる理由を表す言葉です。

ここで言われる「僧」というのは、出家というかたちをとった仏教者のことです。しかもその出家の僧は、当時の国の憲法である律令の定めによって、国家の命を受けて、国家の安泰を祈願します。鎮護国家が僧侶の第一義的な仕事です。いまで言う国家公務員的な性格を、僧侶は強くもっておりました。だから、律令によって、僧侶の身分が保証されるとともに、また、行なっていいこと、行なってはならないことが、厳しく規定されているのです。

親鸞聖人は、この「僧」の儀を改め、つまり、出家の資格を剥奪されて、姓名をつけられて、出家でない一人の在俗の人間として、流罪という処分を受けたのです。「おまえは藤井善信と名のれ」と国から命令を受けたと、『歎異抄』は伝えています。親鸞聖人は「謹んで流罪の命令は受けるけれども、藤井と名のれということはお受けできない。それは返

上して、私は禿の善信と名のる」と主張されたということなのです。

こうして親鸞聖人は、僧侶の資格を剥奪されました。そして「おまえはこれから僧侶という資格は認めない。おまえはもはや僧ではない」、これが流罪のときの宣告なのですから、それを親鸞聖人は、「謹んでお受けする。しかしながら私は、以後自分を僧侶とし出家とすることはいたしません」。こういう「非僧」の覚悟を宣言なさったのだと、あの文章を理解することができます。

非僧非俗の宣言

それから「非俗」ですけれども、多くの場合は、出家という仏教者の姿はとらないけれども、仏教者のもっとも大切な求道の心を放棄したわけではない。求道の心はどういうかたちをとろうと、親鸞聖人のもっとも大切な覚悟として持ち続ける、それを表す言葉であると、理解されております。

そういう意味もあろうかと思いますが、私は少し見方を変えて考えたいのです。この「非僧」、つまり僧にあらずという「僧」は、律令によって、僧侶の資格を認められている仏教者でありまして、そういう具体性をもっています。そうすると「俗」のほうも、やはり具体性をもって理解したほうが、親鸞聖人のお考えに近いのではなかろうかと思います。都の教養ある貴族たちは、同時に国家の政治をあずかる人たちです。関白以下そういう人たちは、仏教から見ると、「世俗の教養」をもって立っているわけです。世俗の教養の具体的な内容は、儒教と道教の教えです。このように考えて、親鸞聖人が「非俗」とおっしゃるその「俗」というのは、「世俗の教養」をもった方がた、つまり都の貴族たち、日本の政治をあずかり、文化を担う人たちです。だから「非俗」というのは、「こういう人たちの中に、自分は身を置くことはしない」という覚悟の披瀝であると理解したほうが、適切ではないかと思うのです。

実際親鸞聖人は儒教と道教について、「仏道とは違う。あれは世俗の教養だ」という、非常にきつい批判をお持ちです。それを「化身土巻」に表明なさっています。『弁正論』の言葉によってですけれども。

老子・周公・孔子等、これ如来の弟子として化をなすといえども、すでに邪なり。ただこれ世間の善なり、凡を隔てて聖と成ることあたわず。

京都の人がお好きな安倍晴明という陰陽師は、道教の系譜です。「神の道」といわれる神道の教えは、昔からあるように思うておりますけれども、日本の神社の神道の思想的内容づけは、ほとんど全面的に道教によっているのだそうです。

「世間の教養である儒教や道教を学べば学ぶほど、教養は深くなるであろう。しかし、所詮世間の学であって、迷いの人生を超える道とは違うのだ」。これが仏者としての親鸞聖人の信念なのです。お釈迦さまの教えは、世間の教養を深めるところに願いがあるのではない。どんなに教養深くとも、迷いの中にあるということは超えられない。自分の人生が、ともすると愚痴をこぼし、ともするとしたい放題のわがままを無反省に行なってしまうという、深い迷いの中にあることを悲しむのが、仏教の出発点である。そういう迷いの人生、流転の人生を超える道を教えてくださるのが、お釈迦さまです。だから、教養が深いなどということとは全然違うのだという強い信念を、親鸞聖人はお持ちでした。その世俗の教養をもって身を飾るというか、自分を立派なものとなさっている都の教養ある方がた、具体的には貴族の方がたの生きている世界から、自分は身を退ける。こういう意味を「俗にあらず」という言葉に託して、親鸞聖人ははっきりと表明なさったのではなかろうか、こう私は考えます。

田舎の人びとと共に

「僧にあらず俗にあらず」を、いまのように理解すると、僧でもなく、俗でもない立場にいる人びととは、「田舎の人びと」になります。教養を身につける余裕もなく、生きることが生きることの目的であるような、泥にまみれて生きるほかはなかった人たちを、親鸞聖人は「田舎の人びと」とご覧になって、「非僧非俗」と名のる自分は、この「田舎の人たち」の生きるところに、自分の生きる世界をもつという覚悟を、この言葉でお述べになったに違いないと了解していることです。

私のところは、中国山地の中の過疎地ですから、文字どおり田舎の人びとと一緒に暮らしています。ですから、親鸞聖人が「田舎の人びと」とおっしゃったその感じが、実感としてよくわかります。

これはときどき思い出して苦笑する経験ですが、だいぶん前に、東京教区の研修会にうかがったことがあります。その折に、親鸞聖人の関東同朋教団の伝統に連なる方がたですから敬意を表して、「ここに集まっている私たちを、親鸞聖人は田舎の人びととおっしゃり、同朋として交わられたのです」と申し上げたのですが、あとで「われわれを田舎人とは何事か」と少しお叱りをいただいたことがありました。やはり現在の東京の人は、田舎人と言われることをあまり歓迎なさらないようだと、感じたことがありました。

大学生のころ、私は文学部ですけれども、法学部の講義に興味を感じまして、ときどき聴講に行っておりました。

私たちの時代の学校制度は旧制度ですから、制服、制帽でした。それで学生は、どの学部に所属しているかを示す襟章をつけます。文学部はＬで、法学部はＪです。それでＬの襟章をつけたまま、法学部の教室に行って、憲法の講義を聴いていました。旧制は三年ですけれども、どうも三年生とおぼしき、やや先輩の感じがする人が私を呼びとめて、「君は文科の人ですね」とおっしゃるのです。「はあ、ごらんのとおりです」と言いましたら、「聴講許可証をお持ちですか」と言われるのです。「何ですか」と聞き返しましたら、「他学部の学生が法学部の講義を聴講するためには、許可証が必要です。あなたはお持ちですか」

「そんなものがあるとは、私は知りませんでした」と言ったら、

「それでは認められないから、教室から出なさい」

とおっしゃるのです。

「どうすればいいのですか」と尋ねましたら、

「事務室へ行って、許可証が欲しいと言えばすぐにもらえますから、それをもらってきなさい」

と教えてくれました。

また次の機会に、私を注意した、見も知らぬ先輩にお会いしました。また「聴講許可証をお持ちですか」と聞かれるものですから、今度は「はい」と出しましたら、

「結構です。どうぞ。ときに、君は高校はどこですか」

と聞かれました。

「ぼくは広島です」と言いましたら、

「ああ、田舎の高校だね」と言われます。それで、

「あなたはどこですか」と尋ねましたら、

「ぼくは一高だよ」

と言われました。そんな学生時代の経験もありまして、「田舎」という表現には、若干複雑なものを感じております。

東京の人が「あなたは田舎の人だね」とおっしゃったときには、どうも軽蔑するような感じがあるようだということを、そのとき知りました。親鸞聖人のころは、京都にいる人

たちだけが都人で、あとは全部田舎人であります。それを『無量寿経』は思想的に、「群萌」という言葉で表していたわけです。ご自分を「非僧非俗」と名のられた親鸞聖人は、だから、自分が生きる世界は、「田舎の人たち」の生きているここなのだ、こういう覚悟をお述べになったと理解したほうが、おそらく親鸞聖人のお気持ちに近いと思います。

そうすると、これはたいへんきっぱりとした覚悟です。親鸞聖人は、儒教の教養も深い。もちろん仏教の教養も深い。教養という点では、智慧第一といわれた法然上人には多少及ばないかもしれませんが、漢文で論文を書く力量をお持ちの方ですから、相当に高いでしょう。その親鸞聖人が、「自分が自覚的に生きたいと願う世界は、教養を誇る都人の世界ではない。教養を身につける機会に恵まれないで、生きるということだけに生きるような、一所懸命働いて生きている人たち、けれども、この世の泥にまみれた悲しさをよく知っている人たち、だからこそ救いを求めている人たち。そこが私の生きる大切な世界である」と覚悟した、その表明であると理解したらどうであろうかと、私は思っているのです。

在家のままでの仏道

そしてさらにこの「禿」は、普通「はげ」と読むのですが、親鸞聖人が「愚禿」とおっしゃるこの「禿」は、「はげ」ではなくて、髪があるような、ないような状態なのだそうです。そうすると、「熊皮の御影」は、髪がバサバサで、無精髭まで描いてありますから、ああいう格好が「禿」と名のられた方の日常の姿のようです。

ですから「愚禿」というのは、愚かな、愚痴の多い、そして髪があるかないかわからないような姿で生きて、しかしながら、仏道に立つものである。本願が本当に救おうと願い続けているのは、群萌すなわち泥にまみれて生きる人たちではないか。だから私は、本願に救われたものとして、本願が本当に救おうと願い続けている、群萌として生きることを余儀なくされている人たちと、私は一緒に生きていきたい。この世の厳しさに負けないで、共に如来のあの安らかな浄土、愚痴を破る明るい光の世界である浄土に、共に生まれていきたいと願うその願いを、私は仏法から、そして念仏からいただいたものである。こういうような信念の表明であると、私は感銘していることです。

だからこそ親鸞聖人は、私たちのところへいつも来てくださっているのだと、感ずることができます。

親鸞聖人は、六角堂の参籠の中の夢の告げで、聖徳太子から「法然を訪ねよ」という励ましをいただかれます。そこに、親という名が表すような温かく深い愛情を、聖徳太子に感じられたのでありますけれども、少し姿勢を正して聖徳太子を仰げば、出家というかたちをとらないで、在家のままで仏道の精神に目覚め、仏法に立って生きる道を、日本ではじめて開いてくださった「和国の教主」であります。仏さまの真理の教えによって、野蛮な状態にあった日本を、文化の香りのする国に形成していきたいとの願いに、五十年の生涯を捧げられました。そして、「和をもって貴しとなす」、その和を実現する道として、「篤く三宝を敬え」と教えられました。その三宝興隆の具体的なかたちとして、法隆寺を建立されます。あの法隆寺というのは、仏法興隆の寺という意味です。そこで仏さまの教えを、私たちの愚痴の暗闇を破り、照らす光をいただく道として、学ぼうとされた。そして、大阪に四天王寺を建立されるのです。いまでも、韓国系、中国系の、つまり渡来人の系譜の人が集まって、「ワッセ」という天王寺の祭りをなさいますが、それもよく示しているように、四天王寺は大陸文化の受け入れの玄関ではなかったでしょうか。そして、「十七条憲法」、『三経義疏』、こういうかたちで、はじめて日本人が仏法に学んでいく道を切り開いていかれました。親鸞聖人は「こういうように生きていきたい」という道を、教信沙弥に仰いでいかれますけれども、同時に在家の仏道というあり方を、聖徳太子から示唆されていることが思われてきます。

いまお話ししたように、この四人ほどの、大切な意味をもつ先輩たちに励まされ、教えられ、支えられて、自分を「愚禿釈親鸞」と名のりながら、「私は、濁世に生きる人びとと共に、如来の智慧の道を共に学んでいきたいのだ。そして励ましあって、この深い迷妄を超えて、真理に目覚め、真理の光に照らされて生きる人生を生きていきたいのだ」と、そういう願いに生涯を捧げてくださった祖師、これが親鸞聖人であると了解していることです。

親鸞聖人の信念

親鸞聖人の初心

親鸞聖人が得られた信心は、親鸞聖人を立ち上がらせ、力いっぱい生きさせていった力の源泉でもありますから、「信念」という言葉も適切であろうと思います。その親鸞聖人が生きていかれた信念がどういうものであったかを、今回は尋ねていきたいと思います。

第一に思われますことは、その体験をもつことによって親鸞聖人が仏法に心を開かれた、あるいは如来に初めて目覚めたと言ってもいいかと思いますが、親鸞聖人の仏者としての原点となった体験は何であったかということです。

日本には、「初心」というたいへんいい言葉があります。茶道のほうではいまでも、「初心忘るべからず」ということを大切になさいます。その道を志した最初の覚悟を忘れまい、こういう意味かと思いますが、いま、親鸞聖人の仏者としての初心は何であったろうかということを、まず尋ねたいと思います。

『歎異抄』第一章の最初に、

弥陀の誓願不思議にたすけられまいらせて、往生をばとぐるなりと信じて念仏もうさんとおもいたつこころのおこるとき、すなわち摂取不捨の利益にあずけしめたまうなり。

という言葉が記されております。私は、『歎異抄』がたまたま伝えているこの「念仏もうさんとおもいたつこころ」がおこるという体験こそが、親鸞聖人の仏者としての根本の体験であったと理解するものです。

親鸞聖人は、この心が湧き起こってきたという体験を、確かにお持ちになりますけれども、それを育て促したものは、法然上人の教えを聞くという、親鸞聖人におけるひたむきな聞法でありました。考えてみると、比叡山から下り、六角堂に百日の参籠をし、いろいろ思い煩い、思い悩む気持ちが、法然上人を訪ねていかれたときの二十九歳の親鸞聖人に、ずっと重苦しく覆いかぶさっていたであろうと思います。

「ああであろうか、こうであろうか」という、さまざまな分別、はからい、戸惑いが、一人の凡夫としての親鸞聖人にずっと動いていたに違いないのですけれども、そのさまざまな分別を破って、この念仏するという心が湧き起こってきたのです。

ある友人は、「湧き起こるというのも少し弱いのではないか。噴き上がってきたと言うほうが、実際に近いのではないか」、こういう了解を述べておりました。そういう感想を聞くと、念仏するという心がこみ上げるような感動として、親鸞聖人のさまざまな分別を突き破って噴き上がってきた、こういう体験を思うことです。

けれども、この二つの表現のどちらが適切かは、そのときの気分次第です。滾々と湧き起こってきたというほうが実際に近いように思うことがありますし、そうではなくて、一つの感動という体験ですから、勢いをもって噴き上がってきたというほうが適切かと思ったりしますが、どちらにしても「念仏もうさんとおもいたつこころ」が、さまざまな分別を破って起こってきたということに、留意しておきたいと思います。

『歎異抄』は、「念仏もうさんとおもうこころ」ではなく、「おもいたつこころ」と伝えております。念仏しようと思う心がおこったというようにおっしゃらないで、「おもいたつこころ」がおこったのだと語られた親鸞聖人のその言い方に、聞く唯円も、やはり一つの勢いを感じて、感動を覚えたと思います。

「おもいたつ」という、勢いをもった心であることに注意すれば、やはり噴出という言葉を適切な言葉として使いたいとも思います。

この心は、「念仏でもするか」ではなくて、念仏する心がわぁーと湧き起こるという体験ですから、当然この心は、言葉になって表白されていきます。つまり、ひと声の念仏が、そこに生まれてきたということになります。それが念仏の初一念と理解される体験です。そのひと声の念仏が、同時にまた、親鸞聖人のそれから六十年の、九十歳で終わっていく長い人生がありますけれども、それを貫いて、親鸞聖人を生かし続けた一つの感動であったと思われます。

その最初の一念、これに留意したいのです。私はその心を、親鸞聖人の仏者としての初心であると理解しますので、親鸞聖人という人はもう端的に、「念仏する仏者」であったと理解すべきだと考えます。念仏する仏者とは、念仏において、仏法の心をいただいた人です。言葉をつづめて、「念仏者」と表現してもいいかと思います。

重ねて言うようですけれども、私たちが宗祖と仰ぐ親鸞聖人は、たぐいまれな、あるいは純潔な「念仏者」であったということです。

念仏者は無礙の一道なり

その親鸞聖人には、念仏に恵まれた大きな信念がありました。その信念を、同じく『歎

異抄』第七章では、

念仏者は無碍の一道なり。

という言葉で伝えています。「念仏する人は、如来の大きな真実に生かされるのであるから、何ものにも怖れることはない。私は、真理に照らされ、真理に促されて生きるのだ」と理解することのできる、大きな信念の表明です。

そういう意味で、私は『歎異抄』は非常に大切な親鸞聖人の言葉を、よく伝えてくださっているお聖教であると了解するのですが、ことに第七章が伝えるこの言葉に、非常に大切なものを感じております。それで、自坊の門に「念仏者は無碍の一道なり」というこの言葉を、横額に書いて掲げています。「お寺は聞法の道場である」というのは、共通の大切な理解ですけれども、同時に「念仏の道場だ」という思いも、親鸞聖人のこの言葉から、励ましとして動いてきます。それを大切にしたいと思っていることです。

ある新興の宗教団体が、二月十一日建国記念日に、大きな行事を東山の花山でなさいます。そのポスターが京都駅の地下道に貼ってありました。大きなポスターでした。私はたまたまそこを通りかかって見たのですが、その中に、「先祖供養の総本山」という、考えさせるひと言が書いてありました。「先祖供養を大切にする方は、ここへお参りなさい」、こういうような呼びかけです。

それから、那智の熊野ですが、熊野権現は神さまか仏さまかよくわかりませんけれども、高野山からずっと熊野詣での古道があります。世界文化遺産に指定されましたので脚光を浴びて、マスコミにしばしば取り上げられています。熊野へ参詣するあの道は、「癒しと祈りの道」ということが強調されています。弘法大師の真言宗の伝統の中にありますから、当然そこにある本山高野山金剛峯寺は「癒しと祈りの総本山」です。四国の八十八か所のお遍路の道も、「癒しの道」というように宣伝されることが最近多くなりました。

そうすると、私たちのこの東本願寺は、日本の人びとへわかりやすく言えば、何の総本山と言えばよろしいでしょうか。

古典的な言葉で言えば、「専修念仏の総本山」です。本願を信じ念仏する、そこに仏法の、人間として生きるもっとも大切なものを私たちはいただくのだ。本願寺は、そういう「専修念仏の総本山である」と言いたいのですけれども、残念ながら、「先祖供養」とか「癒し」という言葉が持っているわかりやすさに比べると、「専修念仏」というのは、かならずしもすぐわかる言葉ではありませんから、十分適切と言いにくいのです。けれども、本願寺を本山とする真宗の寺々は、この世にあるいは人間に、何を捧げていこうとする道場なのか。穏やかに言えば「聞法の道場」、積極的に言えば「専修念仏の道場」である。このことは大切に保持していかなければなりません。けれどももっと適切な表現はないだろうか、私はいろいろと考えあぐんでおります。

いずれ御遠忌のスローガンが発表されるのでしょうが、あの宗教団体のポスターを見て、現代風の言葉でどう言ったらいいであろうかということが、頭の隅から消えないのです。いまの日本の人びとへ簡潔に示す、「本願寺はこの本山だ」という言葉を、ぜひ持ちたいと思います。私はひそかに、「真実にめざめ、大悲に生きよう、親鸞聖人と共に」というような言葉を考えてみたりしています。

真宗興隆の大祖源空法師

話を元へ戻します。親鸞聖人は念仏する仏者であられた。その親鸞聖人がお持ちになった信念を、親鸞聖人ご自身が、「念仏するものは無礙の一道に立つ」と、こういう言葉で吐露してくださっております。私は、私たちが親鸞聖人を仰ぎ、了解するときのいちばん大切な立脚地がそこにあると、考えているものです。

「念仏もうさんとおもいたつこころ」がおこるということを、親鸞聖人に促したものは、

さきほど言いましたように、法然上人の教えに育てられてということです。『歎異抄』第二章が伝えている言葉に直接よりますと、

> 親鸞におきては、ただ念仏して、弥陀にたすけられまいらすべしと、よきひとのおおせをかぶりて、信ずるほかに別の子細なきなり。

と語られています。この「よきひと」というのが、法然上人です。

親鸞聖人が法然上人のことを語られるときには、『歎異抄』では、一人の凡夫として法然上人の教えに遇い、念仏するものになったのだという気持ちを大切になさっており、法然上人を「よきひと」と仰いで、「いい人に遇うことができた」と、そのうれしさを表現されているのです。

それで、「親鸞聖人を宗祖、つまり大切な人生の師匠と仰ごうとするあなたは、だれを『よきひと』と仰がれますか」という問いかけが、当然そこに響いてきます。親鸞聖人は、ご自分が体験なさった「いい人に遇えた」うれしさから、「私は法然上人にお遇いすることができた。そして、人生の一大事に心を開かれた。それがとてもうれしかった。あなたは、どなたを『よきひと』と仰がれますか」と、私たちに問いかけ、励ましてくださっている。そういうものが、だいたい同朋の縁の元なのだと、私は考えております。

それに対して『教行信証』「後序」では、少し姿勢をあらためて、法然上人を「真宗興隆の大祖源空法師」と呼ばれます。これはもう一つの思想的な課題の場での、堂々たる法然上人讃仰の表明です。お釈迦さまの仏道を、真実をいのちとする仏道として興隆してくださった偉大なる仏者、源空法師。そういう歴史的な、日本の仏教の改革といいますか、本当に民衆の仏教を切り開いていくという大きな仕事をなさった、「真宗興隆の大祖」と仰ぐべき法然上人、こういう法然上人理解の表明です。

恵信尼のお手紙には、「私が法然上人に遇うことができたのは、参籠して後世を祈るという、この人生の厳しさに身を責められて戸惑い、やりきれない思いの中にいたときであった。法然上人は、『ただ念仏して阿弥陀如来に助けられなさい』と、このこと一つをわが信念として、懇切に語り、教えてくださった。その言葉に感銘を受け、これが、私が本当に聞きたいと思っていた真理の言葉だと感じて、それに励まされて、百日のあいだ上人の教えを聞き続けた。この感銘とともに思われる法然上人を、私は『よきひと』と仰ぐばかりである。私はいい人に遇えたという感銘とともに、法然上人を忘れることができないのです」という、親鸞聖人の述懐が伝えられています。

そういう感謝とか、うれしかったという気持ちを率直に託しつつ、しかも姿勢をあらためて、厳粛に表現して、「真宗興隆の大祖」とおっしゃったのでしょう。

三国の祖師の恩徳

この述懐も伝えているように、親鸞聖人は百日のあいだ法然上人の教えをひたむきにお聞きし、そして「そのとおりだ」という確かな決着を得ていかれました。そのときに親鸞聖人がもたれたものが、「念仏もうさんとおもいたつこころ」がおこるという体験であったに違いないと、私は理解するのです。

けれども、ここで親鸞聖人は考えられます。かけがえのないお師匠と仰ぐ法然上人は、一人で念仏する仏者におなりになったのではなかった。法然上人を念仏する人に育てたのは、善導大師であった。法然上人は善導大師の「一心にもっぱら弥陀の名号を念ぜよ」という言葉に出遇い、大きな励ましをいただかれて、「ここに念仏に帰しぬ」という感動をいただかれた。念仏するものとなったという体験を、法然上人は善導大師の教えによって得られたのですから、法然上人の後ろには善導大師がおいでになる。また法然上人を善導大師に導いた人に、比叡山の源信僧都がおいでになる。

このように親鸞聖人は、法然上人は個人法然ではなくて、大悲のいのちの具体的な表現は「南無阿弥陀仏」にあると仏道を了解した、たくさんの仏者たちの歴史の中から生まれてこられた方であるという、独特の意味深い眼を開いていかれました。ここが親鸞聖人に、また偉大なる思想家を感ずる一面です。

それで、親鸞聖人の信心を育んだいちばん直接の縁は、「よきひと」と仰がれた法然上人の「ただ念仏せよ」の励ましを、ひたむきに聞き抜くというかたちで出遇いを遂げられた、そこにありますけれども、真宗を開顕なさる親鸞聖人の眼は、法然上人を決定的な師と仰ぎながら、さらにインド以来の七高僧にまで、浄土真宗の歴史を形成した祖師の恩徳が尋ねあてられていきます。

『教行信証』の「総序」では、『歎異抄』が簡単な言葉で述べている同じ感銘を、あらたまった高らかな気概を込めて、

ここに愚禿釈の親鸞、慶ばしいかな、西蕃・月支の聖典、東夏・日域の師釈、遇いがたくして今遇うことを得たり。聞きがたくしてすでに聞くことを得たり。真宗の教行証を敬信して、特に如来の恩徳の深きことを知りぬ。

と述べていかれます。私はお釈迦さまの教えの心をよく受け継いでくださった、インド、西域、中国、日本、そこにお出ましになった祖師たちの教えを、確かに聞いた。確かにお

遇いすることができた。こう述懐なさっています。そのことによって、本当に仏道に立つことができたという、大きな感動をいただいたものである、こうおっしゃっています。このことが大切なのですが、その場合でも、三国の祖師たちの中でいちばん身近な縁を結んだ祖師は、法然上人であります。その法然上人の教えに確かに聞いた。確かに遇った。そのことによって、真宗という仏道、真宗という真理の道に、私は大きく心を開くことができて、ことに如来の恩徳の深いことを、本当に知ったものである。これが感謝せずに語られるであろうか、こういうような思いなのです。

これが、親鸞聖人の信心の発起を促した、大切な祖師との、そして祖師の語られた念仏の教えとの出遇いをお述べになった言葉です。この述懐を踏まえて、その「よきひと」の教え、つまり真実の教えに出遇い育てられて、「念仏もうさんとおもいたつこころ」の発起を親鸞聖人は体験なさったのですが、その親鸞聖人の信念の内容を、もう少し尋ねていきたいと思います。

念仏もうさんとおもいたつこころ

親鸞聖人における信心の発起は、「念仏もうさんとおもいたつこころ」がおこるという体験として、得られたのです。繰り返してこのことを申し上げておりますのは、念仏を言わないで、信心を言うわけにはいかない、このことに留意したいからです。

親鸞聖人は、教学的にあるいは思想的に、正確に信心をお述べになるときには、「行信」という言葉をお使いになるのです。「総序」には「たまたま行信を獲ば、遠く宿縁を慶べ」、「行巻」には「しかれば真実の行信を獲れば、心に歓喜多し」という文がありますでしょう。こういうように、「行信」という独特の言葉で、私たちが普通言う信心をお述べになるのです。その「行信」というのは「念仏する信心」です。

だから、念仏を語らないで信心だけを言えば、親鸞聖人の信心とは違うのです。信心が私たちにおこるときには、「念仏もうさんとおもいたつこころ」がおこるというかたちをとります。「南無阿弥陀仏」という言葉が私の口から出てくださるという、たいへん具体的なかたちをもって、如来に目覚めた心、つまり信心はおこってくる。このことをよく承知しておかなければと思います。

このごろ非常に残念に思うことの一つは、教養深い方、世論を引っ張っていかれるような偉い方が、どうも念仏がお好きでないということです。お嫌いだというのも失礼ですが、お好きではないから、

「親鸞聖人は信心の仏教者であるということは、よくわかる。しかし、念仏する仏者ということと、南無阿弥陀仏という言葉は、どうもなかなか腹に入りにくい。だいいち、私が南無阿弥陀仏と素直かつ正直に念仏することが、なかなかできない。だから親鸞聖人は、やはり信心、如来を信ずる心、これに徹底された仏教者だと理解したい」

と、こういう見解をよくおっしゃいます。

「念仏は易行だと言われるけれども、称名念仏することはなかなか難しいから、むしろ難行ではないか」

とおっしゃる方もおられます。おっしゃる分だけ正直でいいとは思いますけれども、親鸞聖人理解としては、適切ではありません。念仏しない親鸞聖人というのは、考えられないでしょう。

たいへん残念なことに、そういう現代の教養が「南無阿弥陀仏」という言葉に十分な理解をもたないから、教養ある方が、なんとなく念仏に違和感をお持ちになります。もっとひどい人は念仏を拒否して、「親鸞は純粋な信仰に生きた人だ」と、今度は自分の理解のほうへ親鸞聖人を引き寄せて、親鸞聖人を理解したような気持ちになる方も少なくありません。それは間違いです。

親鸞聖人は信心を表す基本語として「行信」とおっしゃるのですから、念仏する信心です。このことを十分に留意していただければ、幸いです。

ただ念仏せよ

「よきひと」法然上人は、法話の中で懇ろに「ただ念仏せよ」と勧め、念仏がなかったら、いったい私たちの人生に何があるだろうか。それをよく考えようとおっしゃっているのです。

法然上人は、念仏を理解しないで、やや軽く見る人がいるならば、そんな人はよほど偉い人でしょう。賢い人ですねとおっしゃるはずです。けれども人生から念仏を抜いたら、何が残りますか。空しさが残るだけではありませんか。どんな偉い人、賢い人も、やがて老苦に責められる日が、かならずきます。そして病苦に責められる日も、こないとは言えない。そしてやがて、この世から消えていく。老いの哀れさ、病気に責められる身の哀れさ、そして屍体となった人間の哀れさはおわかりでしょう。そのときあなたの誇った知恵、才覚、優れた能力は、何になるでしょうか。やりきれない孤独を感じながら、私は何をしてきたのだろうかという思いが、身を責めるではありませんか。こう繰り返し問いただしておられたように思います。

考えてみれば、もともとお釈迦さまがそうです。

もし、如来に目覚める心をもたなかったならば、私たちの人生は、どんなに努力してもついに空過する人生という、その無残さを超えることはできないのだ。これは世界の第一級の思想家と言うべき天親菩薩の、実感を込めた言葉です。

「私たちは、私たちの人生がもっているこの厳しい問題に、謙虚であろう。そうでなければ、私たちは人間として、よく生きたと言えないではないか」。これが親鸞聖人が真宗の祖師と仰がれた方がたの、人生についての実感に満ちた基本的な視点だったと思います。

だから、仏教を特殊な宗教と見ては不適切なのでありまして、人生に虚妄つまり空虚さや虚偽を感じてそれを痛み、だからこそ真理に目覚めて、人生を大切に生きていこうとする自覚道を仏教というのだと理解することが、おそらくは正しい仏教理解であろうかと、私は考えております。

帰命尽十方無礙光如来

少し本題からズレましたけれども、さきほどから言っておりますように、「念仏もうさんとおもいたつこころ」というのですから、この心はかならず言葉として表現されていきます。その表現の言葉が「南無阿弥陀仏」です。これが『観無量寿経』の伝統でありまして、当然善導大師や法然上人がお立ちになった伝統です。

これに対して天親菩薩の『願生偈』の冒頭にある「帰命尽十方無礙光如来」、もちろんこれは「尽十方の無礙光如来に帰命す」と読みますが、天親菩薩ご自身の信心の表白です。言うまでもなく、長い間、無明の闇の中をさまよってきた私が、いま無限の光の中に生きるわが身に目覚めることができた。その無限の光の中に私を目覚ましてくださった、大きな恩徳である如来によって私は生きていきますという、その心を表現した言葉です。

「南無阿弥陀仏」という言葉は、完全に日本語になっていますけれども、もとをただせばインド語です。「帰命尽十方無礙光如来」は、その「南無阿弥陀仏」を中国の言葉に翻訳した言葉です。漢字文化圏にいる私たちは、漢字がわかりますから、中国語に翻訳してあれば、意味はすぐわかります。

関東から京都へ帰られたころからあとの晩年の親鸞聖人は、もちろん「南無阿弥陀仏」と、信心に目覚めた心、如来に目覚めた心を述べられますけれども、それ以上に、「帰命尽十方無礙光如来」の言葉を大切にしていかれました。そしてこの言葉を名号本尊にお書きになったり、お聖教の中で何べんも大切にお書きになります。私はこのことに何かとても心を惹かれるものを感ずるのです。

この十字名号は漢語ですから、現代の中国人がこの言葉に触れたとき、どういう感想をお持ちになるかが知りたくて、それを尋ねたことがあります。それをお聞きして、非常に啓発を受けたことでした。その感想を語ってくださった方は、大学の講師を勤める教養ある中国の方ですけれども、仏教を全然ご存じない方でありまして、この言葉が名号を表すこともご存じなかったのです。その方が、

「これはたいへんよい言葉です。『尽十方』、非常に広やかで、『無礙光』、非常に明るいものを感じさせ、全体がすがすがしい気持ちを呼び起こしてくるような、たいへん立派な言葉です」

こういう感想を述べられたのです。それをお聞きして、お名号は本来こういう意味深い響きをもっているのかということを、私は初めて知りました。

私たちは、あらためて申し上げるまでもなく、南無阿弥陀仏という言葉でお名号を理解し、また称名念仏いたします。けれどもたいへん残念なことに、この南無阿弥陀仏に接したとき、多くの現代人は抹香臭いとか陰気くさいという、マイナスの印象を受けるのが実

際でしょう。この言葉が「無限の寿命と無限の光である仏さまに帰依する」という心を表し、この南無阿弥陀仏にいま申し上げた中国の教養人が語られたように、明るさとすがすがしさを感ずるのは、よく真宗の教えを聞いた人、自分自身が念仏者になった人に限られているかもしれません。そういう名号理解を表すためには、やはりインドの言葉つまり外来語である南無阿弥陀仏よりも、見て意味のわかる帰命尽十方無礙光如来という言葉のほうが、名号の大切な意味をよく知るためには適切である、こういうお気持ちが親鸞聖人には強くあったに違いありません。

信心の表白としての念仏

さてこのお名号ですが、大学時代の先輩に芝の増上寺の塔頭のご住職がおられました。そのお寺にうかがったとき、教化に使う葉書に、かわいい少女が数珠をかけて合掌している姿に添えて、「一心専念弥陀名号」つまり「ただ念仏せよ」という言葉が書いてある、その葉書をいただきました。この言葉はよくご存じのとおり、法然上人がこの言葉に遇って回心なさった、とても大切な善導大師のお言葉です。

その葉書の、少女が合掌している姿は、とても清楚で綺麗でした。言葉も「一心専念弥陀名号」という、とても大切なものです。私は非常な感銘を受けまして、自坊で使いたいと思ったのですけれども、どうも具合が悪うございました。それは葉書の下のほうに、「増上寺」という字がくっきりと印刷されていたからです。あそこに「東本願寺」と書いてあれば、とてもよいのにと思いましたが、しかし合掌して仏さまを仰ぐ姿は、とても美しく感銘深いものです。大谷派でも、こういう教化上の工夫はとても大切ではないかと、つくづく思ったことがあります。

先日、若い人たちと一緒に韓国へ行きました。じつは十年ほど前、私が大学院のゼミを担当していたころ、大学院生の修了旅行に韓国に行ったのを皮切りに、毎年訪ねているのですが、楽しい旅行の中で感心することがあります。それは学生さんたちが旅行日程の中に、必ずお寺にお参りする日程を入れることです。それをしなかったら、単なる観光旅行に終わるではないかという理由からです。

韓国にも立派なお寺がたくさんあります。そこにお参りして、いつも感銘を受けるのですが、お参りした人が五体投地のとても丁寧な礼拝をなさっている姿です。あるいは本堂の中でそれぞれが静かにお経を読んだり、瞑想なさったりしておりまして、日本人がお寺に参ったときよりも、よほど敬虔なのではないかという印象を受けます。礼拝については、日本の仏教徒もよほど反省しなければならないと思うのです。いくら「私は信心をもっている」「如来を信ずる心をもっている」といっても、丁寧な礼拝もなく、ましていわんや「南無阿弥陀仏」の称名念仏をもたなかったら、十分な意味で信心があるとは言えないのではないでしょうか。念仏に自然に表現されてこそ信心なのですから、称名の声はとても大切な意味をもっていることを、いろいろな機会に感じることが多いのです。

さて、南無阿弥陀仏と称名するとき、そこに帰命尽十方無礙光如来の心が動いている。あるいは帰命尽十方無礙光如来の感動を、南無阿弥陀仏と表白する。その声が、「念仏もうさんとおもいたつこころ」の当然の、そして自然の表白です。だから親鸞聖人あるいは法然上人が「念仏」とおっしゃるときには、内面に開かれた信心を言葉にして表白している念仏でありまして、内容のない、実質のない、ただ「南無阿弥陀仏」と声を出しているだけの念仏ではありません。親鸞聖人のおっしゃる信心は「行信」であり、称えられる念仏は行信の表白なのですから。

この大切な「帰命尽十方無礙光如来」は、よくご存じのとおり天親菩薩が、釈尊の本願の教えである『無量寿経』によって獲られた信心、すなわち如来に目覚めた心を表白なさった、『願生偈』の冒頭にある言葉です。ですからこの『願生偈』をお読みになった親鸞聖人はすぐに、この言葉は自分が体験したあの「念仏もうさんとおもいたつこころ」の表白そのものであると、直覚なさったに違いありません。天親菩薩よ、あなたもそうだったのですか。私もまた如来の本願の教えに遇うた恩恵によって、同じ心をいただいたものですと。おそらくこういう感動が、親鸞聖人に大きく動いたに違いありません。そして親鸞聖人の体験であった「念仏もうさんとおもいたつこころ」は、天親菩薩の「帰命尽十方無礙光如来」の表現を得たことによって、浄土真宗という本願の仏道をそこに実現する信仰的自覚として、歴史的意味をもつこととなるのです。

如来の自証としての念仏

注意したいのはこの「帰命尽十方無礙光如来」は、いま申したように、第一に信心を表す言葉ですけれども、同時にそのままが如来の名号を表す言葉であるということです。そうするとあの「念仏もうさんとおもいたつこころ」は、じつは名号が親鸞聖人の上に顕れ出た体験であると言ってもよいのでしょう。

この名号が顕れ出た体験である信心に、親鸞聖人は本願の仏道の根本といってよい大切なものを、一つ一つ自証していかれました。まず第一にあげるべきは、如来の自証であり、第二には浄土の開示です。このことをめぐって、少し親鸞聖人の知見を尋ねていきましょう。

「総序」に親鸞聖人は、

無礙の光明は、無明の闇を破する恵日なり。

とお述べになりますが、ここにいわれる「無明の闇」は曇鸞大師の言葉ですけれども、意味はとてもよくわかります。人生は真っ暗な闇夜を一人で歩くような、とても厳しいものがあります。生きていく道がわからなくて、途方に暮れる。そういうことが連続する中を、生身をもつ身がこの世の無常に責められながら、一人生きていかなければなりません。そういう私たちの人生の厳しさを、「無明の闇」と譬えられたのです。

そういう私たちが、ひとたび「念仏もうさんとおもいたつこころ」に目覚めたとき、戸惑い、手探りで生きてきた人生の闇が一挙に破られた感動が動くのです。天親菩薩の示された「無礙光」に遇ったのです。無礙光に遇ったからこそ無明の闇が破られたと言ってもよろしいでしょうし、「念仏もうさんとおもいたつこころ」がおこったとき、長い間そこにいて苦しんできた無明の闇が破られて、無限の光の中に生きる身に目覚めたと言ってもよいのでしょう。

こうして南無阿弥陀仏と念仏する身となった人は、そこに無明の闇を破る無礙光のはたらきを体験しております。その無礙光のはたらき、繰り返して言えば、無明の闇の中をさまよってきたものを、光明内存在にひるがえしていく恩徳を、「無礙光如来」と仰ぐのです。こうして私たちは、本当の如来に目覚めていくのではないでしょうか。

親鸞聖人は「真仏土巻」で、次のように述べられます。

真仏と言うは、『大経』には「無辺光仏・無礙光仏」と言えり。また「諸仏中の王なり、光明中の極尊なり」と言えり。已上　『論』には「帰命尽十方無礙光如来」と曰えるなり。

親鸞聖人のこの知見に接して、私は眼を瞠るような感銘を受けます。親鸞聖人がお名号のところに生き生きと如来を体験なさっていることは、もう疑問の余地はありません。西方の遠い彼方に実在する絶対者として如来を理解するのではなく、名号に目覚めた信心に体験される無礙光の恩徳において、如来を自証するのです。この非常に自覚的な如来の了解を、私たちはまともにいただき、そして継承していきたいと存じます。

浄土を開示する念仏

第二に注意すべき「浄土の開示」ということですが、これもやはりまず親鸞聖人の見解を、「真仏土巻」に聞きましょう。

真土と言うは、『大経』には「無量光明土」と言えり。あるいは「諸智土」と言えり。已上『論』には「究竟して虚空のごとし、広大にして辺際なし」と曰うなり。

浄土を親鸞聖人は『無量寿経』によって、何よりもまず「無量光明土」、つまり無限の光の世界と了解しておられますが、このことに私は強い印象を受け、また啓発を受けるのです。考えてみましょう。親鸞聖人以外に、誰がこのような浄土理解をもったでしょうか。この無量光明土は、帰命尽十方無礙光如来の信に体験され開かれている、「尽十方無礙光」の世界にほかならないではありませんか。もちろんこの世は穢土であって、浄土ではありません。けれどもいま尋ねたように、信心に無限の光の世界が開かれ、体験されているのでありまして、親鸞聖人の強靭な思索は『無量寿経』の教言によって、これを「真実の浄土」ときわめて自覚的に了解していかれたのです。

このような「無量光明土」としての浄土は、帰命尽十方無礙光如来の信心に開かれる世界であると申し上げてきました。しかしながらもし名号という視点に立って考えると、名号は真実報土としての無限の光の世界を、名号に目覚めた人に開示するのだと言ってよいのでしょう。こうして親鸞聖人は天親菩薩のきわめて意味深い信心の表白を学ぶことによって、親鸞聖人の仏者としての初心であった「念仏もうさんとおもいたつこころ」が、本願の仏道である浄土真宗においてどんなに大切な意味をもつ体験であるかを、このように自覚的に了解していかれたのです。

念仏為本と信心為本

「念仏もうさんとおもいたつこころ」は、人を立ち上がらせるような勢いをもっています。だからこの心が湧き起こり、噴き上がるという体験は、必ず声となって表白されてきます。南無阿弥陀仏の称名が、ここに生まれてくるのです。こうして「念仏もうさんとおもいたつこころ」という感動が一声の念仏となり、一生を貫く称名となっていきます。法然上人や親鸞聖人が生きられた念仏は、このような信心が言葉となって表白される称名でありまして、内実がないままにただ「南無阿弥陀仏」と声を出しているような念仏ではありません。

これまで私は一貫して、念仏あるいは称名の大切さを申し上げてきました。ところが一般には、念仏を重視するのは法然上人の信念であって、親鸞聖人はその念仏をさらに根源化して、「信心為本」の立場に立ったのではないかとする見解が、しばしば語られている印象を受けます。だが、この見解は、十分に正当でしょうか。

さらに念仏についてては、ことに現代の教養ある方がたの中に、しばしば念仏に対する違和感あるいは拒否感が動きまして、念仏がどうもできない。なんとなく気恥ずかしくて抵抗がある。念仏は易行といわれるけれども、現代人にとっては難行ではないか。こういう見解を耳にすることも、折々あります。私はこういう見解に接して考えるのですが、それは念仏がしにくいというかたちで、じつは信心の獲得が容易ではないと言っているのだと聞くべきだと了解するのです。ひとたび信心が獲得されるならば、つまり「念仏もうさんとおもいたつこころ」の発起が体験されるならば、称名念仏は自然です。法爾自然に称名として発露するのであって、何の努力も要りません。けれども、その信心の獲得が容易ではないのです。そして信心が決定していないならば、念仏は内容をもつことはありませんし、称名は努力を、そして時に作意を必要とするでしょう。念仏に対しての違和感あるいは抵抗感は、このあたりに由来していると言うべきではないでしょうか。

だからして、親鸞聖人の信心理解が「行信」であることが大切なのです。行信は、称名でもあり信心でもあります。本願を信じ念仏する心と言ってもよいでしょう。この行信において、法然上人と親鸞聖人は同一の信仰的自覚にお立ちであったのです。

法然上人は「念仏為本」、親鸞聖人は「信心為本」の立場にそれぞれ立ったのであり、この二人の仏教者の立場は違うのだとするのが、一般にもたれることの多い見解のようです。けれどもそれは一種の通俗論でありまして、むしろ私たちは『歎異抄』が伝えている「信心同一」の見解を想い起こすべきです。法然上人のご信心と、私・善信の信心は同一であって、少しも変わるところはないという、若き日の親鸞聖人の信心理解にこそ、私たちはよくよく心をとどめなければなりません。そしてその「同一の信」を、親鸞聖人は「行巻」に「選択本願の行信」と、はっきりと性格づけていかれたのです。そしてこの「選択本願の行信」こそ、法然上人の信仰的自覚であり、そのままた、親鸞聖人が生きられた信心であります。

大行とは、無礙光如来の名を称するなり

このような称名、すなわち内面に発起した「念仏もうさんとおもいたつこころ」の表白である称名を、親鸞聖人は決定的に「大行」と性格づけられました。その表明が、「行巻」

の根本命題と理解される、次の一文です。

大行とは、すなわち無礙光如来の名を称するなり。この行は、すなわちこれもろもろの善法を摂し、もろもろの徳本を具せり。極速円満す、真如一実の功徳宝海なり。かるがゆえに大行と名づく。

この文章の中で親鸞聖人は、大行という意味をもつ称名を、「称無礙光如来名」と定義しています。ところがこの言葉は、曇鸞大師が天親菩薩が「見仏・願生」の行として示された五念門の行のうちで、讃嘆門の行とは何であるかを解説された、その言葉なのです。ですから当然この称名は、讃嘆の意味を湛えた称名であることは、すぐわかるとおりです。

私たちはすでに、「念仏もうさんとおもいたつ心」は、長い流転の闇路をたどってきた私が、いま如来である無限の光に遇うてその闇を破り、如来の光明海中に生きる新しい命に目覚めることができた、その感動であることを尋ねました。それは大きな喜びであり、当然また感謝です。そのうれしさと感謝の表現が、讃嘆ではありませんか。その讃嘆を「帰命尽十方無礙光如来」と表白する、そのような称名を親鸞聖人は「大行」と顕揚なさったのです。

私はふと、明治三十六年（一九〇三年）の親鸞聖人御誕生会に、清沢満之先生が祝詞として書き送られた、あの「他力の救済」を想い起こします。この祝詞を清沢先生は、「我、他力の救済を念ずるときは」という言葉で書き始めておられます。ところが「他力の救済」つまり本願の救いを憶念する道は、念仏のほかにあろうはずはありません。だからこの文章は「我、南無阿弥陀仏と本願の救済を憶念する」と、言葉を補って読むべきでしょう。そこに体験されるものを、清沢先生は「我が処するところに光明照し」と表白するとともに、さらにそれを展開して、

しかるに今や濁浪滔々の暗黒世裡にありて、つとに清風掃々の光明海中に遊ぶを得るもの、その大恩高徳、あに区々たる感謝嘆美の及ぶところならんや。（『定本清沢満之文集』七六頁、法藏館刊）

と述懐しておられます。これが念仏する心に自証される光景の、見事なしかもいかにも自覚的な表明である。こういう感銘を私は感じます。

「清風掃々」というのは、涅槃の風がさわやかに吹くという意味でしょうが、無限の光の世界である浄土は、同時に涅槃の功徳が現にはたらいている世界であるという了解が、実感を込めて語られています。南無阿弥陀仏と念仏して本願の救いを思うとき、まるで濁流が渦巻くようなこの世の無残さの中で、しかしながら浄土の光を感じながら涅槃の「ま

こと」に生かされて、「虚心平気に生死する」ことができるのだと、念仏の身に実感される「大安楽と大平穏」を先生は率直に表明しておられます。そこに汲めども尽きぬような「感謝と嘆美」が溢れておりますけれども、その表明こそが讃嘆ではありませんか。

たとえばこのような讃嘆の心をこめた念仏、あるいは讃嘆の表明というべき称名こそが、親鸞聖人が「大行」という積極的な意味をみる「称無礙光如来名」という行為です。

真如一実の功徳宝海

この大行について、讃嘆の表明である称名を大行とする理由を、前の引文ですぐわかるように、親鸞聖人は二つあげておられます。その中でいまは、第二の理由に注意したいのです。重ねて言いますと、それは「極速円満す、真如一実の功徳宝海なり」と示されたものですが、とても固い言葉で述べられていますので、親鸞聖人のお考えを少し柔らかい言葉で尋ねてみましょう。「極速円満す、真如一実の功徳宝海なり」と読んであるのは、「極速に円満す」つまり直ちに、あるいは自然に、完全に実現するということを強調するためでありまして、普通に読めば、「極めて速やかに、真如一実の功徳宝海を円満す」になるのでしょう。「念仏もうさんとおもいたつこころ」を、帰命尽十方無礙光如来つまり南無阿弥陀仏と表白するとき、広やかな海の譬えで表される真如一実の功徳が、きわめて自然に、何の努力も必要としないで、溢れるようにこの身にはたらき出るのだ、こう親鸞聖人はおっしゃっているのです。真如一実の功徳というのは、親鸞聖人のご了解によると、無上大涅槃のはたらきにほかなりません。ところがこの無上大涅槃というのは、如来のお証りそのものです。

そうすると親鸞聖人は、「念仏もうさんとおもいたつこころがおこる」という体験として名号に目覚めたとき、そこに如来のお証りである真如一実の功徳、すなわち無上涅槃のはたらきが、溢れるように念仏する身にはたらき出るのだ、こういう感動を、そして感動に満ちた了解をお持ちになったということです。それは、煩悩にまみれて生きるものが体験してきた、「そらごと、たわごと」の多い人生の中に、はじめて真実に目覚め真実によって生きる感動をいただいたのだと了解して、誤りはないでしょう。そしてこの真実功徳のはたらきによって流転する虚妄の人生をひるがえし、真実に目覚め真実に立って生きる人生を実現することこそ、仏道の現前そのものです。だからこそ親鸞聖人は、この称名を仏道を実現する行為、つまり「行」と理解し、しかもはっきりと無上涅槃の功徳に触れていく行であるから、これをさらに積極的に表現して、「大行」と力を込めて高く掲げていかれたのです。

現生正定聚

もう一度、称名が大行である理由をお述べになった親鸞聖人の言葉を想い起こしましょう。ここではそれを、もとの漢文で記します。

極速円満　真如一実功徳宝海

この文章を見ると、私たちはすぐに天親菩薩が『願生偈』でお述べになっている、とても大切な言葉をあわせて想い起こします。これも原文の漢文で述べてみましょう。

観仏本願力　遇無空過者
能令速満足　功徳大宝海

『願生偈』の「功徳」が、無上涅槃つまり真如一実の功徳であることは、言うまでもありません。これを承知してこの二つの文章を読み合わせますと、要のところは完全に同じ見解が述べられていることは、すぐわかるとおりです。

本願力に遇うた、これこそ念仏の身となった人に動く感動です。その感動がはっきりと知る事実です。こうしてあらためて知る本願のはたらきは、「空しく過ぎてきた」人生の悲しみをひるがえして、如来の大きな「まこと」を恵む恩徳にほかなりません。本願に目覚めて念仏する人は、ですからまさにその本願のはたらきによって、如来の涅槃のお証りである「真実」に生かされる身となるのだ、この信念の確立を得た人です。そしてこれが最も大切な本願のはたらきであると、親鸞聖人は了解なさったのです。

本願のはたらきによって如来の「まこと」を恵まれた人は、この人生のただ中で「正定聚に住する人」となっていきます。それは「必ず仏となるべき身と定まる」と言ってもよろしいでしょう。もっと正確には、「必ず無上涅槃の証りに至る自覚道に立った人」と言ってもよいでしょう。信心が実現するもの、それは現生に正定聚に住する生存であるとする、親鸞聖人の名とともによく知られた、「現生正定聚」の思想の確立です。

この人生のただ中で、正定聚の位に住するものとなる。この驚くべき、そして感謝するほかはない命のあり方を実現するものは、無上涅槃の真実功徳を衆生に恵む本願のはたらきでした。ところが天親菩薩の教えから親鸞聖人が学び取られた見解によれば、このような本願のはたらきが生き生きとはたらいている世界こそ、浄土にほかなりません。天親菩薩は阿弥陀如来の安楽浄土を実現する功徳を、よく知られているように二十九種おあげになります。私はこの浄土の了解に接して、文字どおり啓蒙といいましょうか、たいへん大きな啓発を受けました。その感銘は、今でも心に響き続けております。

たとえば親鸞聖人の信念を最もよく表している言葉は、『歎異抄』で言えば、

念仏者は無礙の一道なり。

でしょう。『正信偈』で言えば、

能発一念喜愛心　不断煩悩得涅槃

不断煩悩得涅槃

です。ところがこの「不断煩悩得涅槃」というのは、曇鸞大師が浄土のいちばん根本の功徳としておあげになったものです。どんなに煩悩にまみれて生きるものであっても、ひとたび浄土に生まれることができたならば、煩悩の身のままで涅槃の証りにいたる道に立つのである。浄土はこういう大切なはたらきが現にいまはたらいている、そういう世界であると、はっきりお示しになっております。

その意味深い、浄土の功徳である「不断煩悩得涅槃」というはたらきを、『正信偈』ではっきりと示されているように、親鸞聖人は信心を獲たところに体験するのであると、非常に積極的に了解していかれました。信心は、繰り返し申し上げてきましたように、「尽

十方無礙光」の世界、つまり「無明の闇」が破られて、広いそして明るい光の中に生きる命に目覚めたという、いわば新生の体験であり、感動でした。そういう無限の光に照らされている身に目覚めるという体験として、「無量光明土」である浄土に触れているのです。

この浄土が開示されたという体験を、親鸞聖人は徹底的に反省し、思想的に自覚化していかれたのです。ここが親鸞聖人の仏教の思想家として素晴らしいところだと、私は深く感銘しているのですけれども、そこには天親菩薩と曇鸞大師の、浄土についてのとても創造的な知見があったことに、十分に注意すべきでしょう。こうして親鸞聖人がお持ちになっていった独創的な見解は、無限の光に照らされているわが身に目覚めた信心は、じつはそこに浄土の功徳を体験しているのだという、眼を瞠るような信心の、そして浄土の了解でありました。ですからその信心が実現する命である、この人生のただ中で正定聚の位につき定まった人は、じつはそこに浄土の功徳を体験している人生をいただいたのだという、本当に意味深い命のあり方が輝いてくるのです。

その意味深い浄土の功徳の中で、親鸞聖人がことに大切なものと了解なさったのが、天親菩薩が「眷属功徳」と示された浄土のはたらきです。それは浄土に生まれる人は、すべて、平等に、如来のお証りの中に尊い命をいただくのであり、それを実現するはたらきを言うのです。それを解説なさった曇鸞大師のお考えがとても素晴らしいものでありまして、親鸞聖人はこのお考えに、念仏者となった人、あるいは正定聚に住するものという信念を得た人は、どういう生き方をするのかについて、非常に大きな啓発を受けられたことが思われるのです。

如来の家の家族となる

その曇鸞大師のご了解は、『浄土論註』の下巻に、次のように説かれています。

同一に念仏して別の道なきがゆえに、遠く通ずるに、それ四海の内、みな兄弟とするなり。眷属無量なり。

念仏がなかったら、人間はバラバラです。互いに「遠く」離れて、孤独を感じながら孤立した人生を生きるほかはありません。そこに人生の厳しさがあることは、お互いに実感しているとおりです。そういう私たちが念仏の一道に立ったとき、すべての人を「兄弟」とする浄土の眷属に加えられる、この喜びを体験するのです。あるいは賜るのだと言ったほうが、よいかもしれません。

眷属というのは古い言葉ですが、言うまでもなく家族とか一族という意味を表す言葉です。浄土の眷属、浄土の家族。龍樹菩薩は、念仏する人に恵まれる利益を、「生如来家」と言われました。龍樹菩薩や天親菩薩という第一級の大乗仏教の思想家が、「家」とか「家族」というとても具体的なかたちで仏法が実現する人間のあり方を、あるいは人間関係を示していることに、とても心惹かれるものを感じております。これをうけて曇鸞大師は「兄弟」と示し、親鸞聖人は「同朋」と語られたに違いありません。

浄土真宗の伝統を形成してくださった、こういう祖師たちの信念に教えられますと、念仏は孤独の中に生きている私たちに、「同朋」という大切な人間関係を実現する非常に意味深い自覚であることを知るのです。念仏の道において「同朋」を見い出し、「あなたも如来の家の家族とおなりになった方ですね。お会いして、私はとてもうれしいのです」と、この喜びを互いに持ち合う。それが念仏者の喜びではありませんか。そして帰命尽十方無礙光如来の信に目覚めて、大らかに念仏しつつ、如来大悲の恩徳の中に生きる喜びを、一人でも多くの人と共に、同朋とされたうれしさを生きていこうと願う。そういう生き方を、天親菩薩は「願生安楽国」とお示しくださったに違いありません。そしてここに「同朋会運動」の原点があると、私は了解していることであります。

あとがき

　真宗大谷派の門徒議会である参議会に、同朋の会が結成されています。その同朋の会では折にふれて、聞法の会・研修会をお開きになっております。時あたかも、平成二十三年（二〇一一年）にお勤めする親鸞聖人七百五十回御遠忌を六年先にひかえる現在、あらためて親鸞聖人に学びたいというご要望が、同朋の会の皆さまに強く動いてきたと承りました。「宗祖親鸞聖人に遇おう」という呼びかけあいが大切に語られ始めている中で、親鸞聖人はどんな人であったのか、またどんな信念に生きた方であるのか、それを謙虚に学びたいという、まことに意義深いご要望であります。

　出講のご依頼をいただいて、私はうれしく思い、かつ感銘を受けました。それは宗門の議会として真宗大谷派の運営に大きな責任をお荷いいただく参議会の皆さまに、宗議会に先立ってこのような大切なご要望が動き、それが形をとって実行されたことに対してです。こうして「宗祖親鸞聖人に学ぶ」という講題のもとに、平成十六年九月十六日に第一回の、十二月十五日に第二回の、そして平成十七年二月二十三日に第三回目の聞法会が開かれたのですが、いずれも参議会の宗制調査会の期間中で、しかも日程の終わったあとの夕刻でした。

第一回は「親鸞聖人の人間像」を、第二回は「親鸞聖人の人生を荘厳した人たち」を、第三回は「親鸞聖人の信念」を、それぞれ主題として憶念しながら、お話ししました。会はきわめて和やかな雰囲気で、しかしながら皆さまはとても真剣でご熱心な姿勢であり、私はとても感銘を受けました。そして真剣でありますけれどもまことに和やかな会でありましたので、私はつい本筋からはずれて余談めいたことを申し上げることが多く、大変に失礼でもあり、また申し訳なく思っております。この本ではそのほとんどを割愛しておりますけれども、お話した響きをお知りいただければと思い、多少は残しております。ご諒解いただければ、幸いに存じます。

親鸞聖人の御遠忌を六年先にひかえて、私たちは力を尽くしてあらためて親鸞聖人を尋ね、学び、顕彰していきたいと願います。その願いに促されて私は以前に、『親鸞聖人―愚禿と名のった仏者―』を昭和五十五年（一九八〇年）に、『親鸞のこころ』を昭和五十八年（一九八三年）に書きまして、それぞれ東本願寺出版部から、そして有斐閣から刊行していただきました。今回またあらためて親鸞聖人を尋ねたいと思い、『親鸞讃歌』と仮に題して、その執筆を進めております。やや本格的なそのような親鸞論とともに、このようなややくだいたかたちの、入門的な親鸞聖人讃仰も意味がないわけではないと考えまして、お勧めにしたがって刊行を敢えてする次第です。

この書を刊行するに当たりまして、参議会同朋の会の会長をお勤めの柾木久孝氏には、聞法会の開催について格別のご配慮をいただきました。また刊行については、参議会の議員でもあられる法藏館主西村七兵衛氏の、強いお勧めをいただきました。原稿の作成、編集、校正という手数のかかる仕事につきましては、和田企画の和田真雄氏の全面的なご尽力をいただいたことです。賜わりました各位のご高配とお励まし、ご尽力に、あらためてこころからの謝意を表することでございます。

平成十七年六月一日

寺川俊昭

寺川俊昭（てらかわ　しゅんしょう）

1928年広島県に生まれる。
1952年東京大学文学部宗教学科卒業。
1954年東京大学大学院修了。
元大谷大学学長。
現在　大谷大学名誉教授、文学博士
　　　真宗大谷派西願寺住職
著書　『講話正信偈』『清沢満之論』『歎異抄の思想的解明』
　　　『教行信証の思想』『親鸞のこころ』『往生浄土の自覚道』その他多数。

親鸞聖人の信念
―野に立つ仏者―

二〇〇五年六月三〇日　初版第一刷発行

著　者　寺川俊昭
発行者　西村七兵衛
発行所　株式会社　法藏館
京都市下京区正面通烏丸東入
郵便番号　六〇〇-八一五三
電話　〇七五-三四三-〇〇三〇（編集）
　　　〇七五-三四三-五六五六（営業）

印刷　リコーアート・製本　清水製本所

ISBN 4-8318-8928-8 C0015